Berlin, wo es am schönsten ist

Steffen Damm (Hg.)

Berlin,
wo es am schönsten ist:
99 Lieblingsplätze

Bostelmann & Siebenhaar

1. Auflage 1999

Umschlaggestaltung, Layout: Britta Petermeyer
Satz: Bostelmann & Siebenhaar Verlag
Druck und Bindung: Druckhaus Köthen
Umschlagfoto: Steffen Damm

Printed in Germany
ISBN 3-934189-39-3

Inhalt

"Flanieren ist eine Art Lektüre der Straße, wobei
Menschengesichter, Auslagen, Schaufenster,
Café-Terassen, Bahnen, Autos, Bäume zu lauter
gleichberechtigten Buchstaben werden,
die zusammen Worte, Sätze und Seiten eines
immer neuen Buches ergeben."

(Franz Hessel)

Vorwort | Die Schönheit der großen Stadt

STEFFEN DAMM

Berlin, wo es am schönsten ist? Berlin ist keine schöne Stadt, zumindest nicht im herkömmlichen Sinne. Berlin ist schmutzig, schrill, bizarr, pittoresk, voller Gegensätze, bisweilen abstoßend, ordinär und geschmacklos, dann wieder anziehend und charmant, erhaben und elegant. Alles in einem. Eine Metropole eben. Die landläufigen Klischees über die märkisch-spröde Kapitale, die weitab der Zivilisation inmitten einer Sandwüste liegt, um sich ständig neu zu erfinden, sind Legion. Ihre Bauten, heißt es, seien nach dem Gardemaß preußischer Militärs entstanden, ihre Landschaft im Grunde nicht vorhanden, und die Bevölkerung, nun ja, unfreundlich, abweisend, rauhe Sitten, Kolonialvolk, vermutlich mit Herz, vor allem aber mit Schnauze. Eine solche Prägung schlägt sich natürlich in der Atmosphäre einer Stadt nieder. „Wie leer sind diese Straßen, wie öde diese Plätze, wie wenig solid diese Gebäude", schreibt Friedrich Hebbel Mitte des 19. Jahrhunderts. „Alles ist auf den Kauf gearbeitet, die Erde braucht sich nicht zu schütteln, um es zu zerstören, es fällt schon von selbst wieder um." Wo sollte Schönheit erblühen, wo nichts von Dauer sein kann? Das Spreewasser sieht aus „wie grünes Öl" (Stendhal), „Herr Schinkel" baut „Pferdeställe im Tempelstil", „die Siegessäule steht auf dem Königsplatz wie das goldene Kalb" (Victor Tissot) und „Kinder, auf dem Potsdamer Platz gackern ja die Hühner" (Kurt Tucholsky). Weshalb also dieses Buch?

Das Schöne an Berlin ist, daß alle Vorurteile stimmen und man sich trotzdem nicht dem Zauber zu entziehen vermag, der von dieser horrenden Stadt ausgeht. Mögen sich alle aufregen – und gute Gründe hierfür gibt es gewiß genug: in Wahrheit sind auch die größten Kritiker dem spröden Charme dieser urbanen Zumutung namens Berlin längst verfallen. Machen wir uns nichts vor, es ist letztlich die Abweichung von Norm und Kanon, aus der die ‚Schönheit' der großen Stadt entspringt. „Denn das ist das Erstaunliche, daß die große Stadt trotz aller häßlichen Gebäude, trotz des Lärmes, trotz allem, was man an ihr tadeln kann, dem, der sehen will, ein Wunder ist an Schönheit und Poesie, ein Märchen, bunter, farbiger, vielgestaltiger als irgendeines, das je ein Dichter erzählte, eine Heimat, eine Mutter, die täglich überreich verschwenderisch ihre Kinder mit immer neuem Glück überschüttet. Das mag paradox, mag übertrieben klingen. Aber wen nicht Vorurteile blenden, wer sich hinzugeben versteht, wer sich aufmerksam und eindringlich mit der Stadt beschäftigt, der wird bald gewahr, daß sie wirklich tausend Schönheiten, ungezählte Wunder, unendlichen Reichtum, offen vor aller Augen und doch von so wenigen gesehen, in ihren Straßen umfängt."

Was August Endell, einer der Architekten der Hackeschen Höfe, der Baumeister der Galopprennbahn in Hoppegarten, im Jahr 1928 feststellte, kann auch am Ende des 20. Jahrhunderts Gültigkeit beanspruchen. Inmitten des Häusermeers der ‚steinernen Stadt' verfügt Berlin über eine Fülle von Lokalitäten, die ihre Schönheit nicht zuletzt aus der Nachbarschaft zu den aufreibenden Turbulenzen der alten und neuen deutschen Kapitale beziehen: ein idyllisch gelegener Garten in unmittelbarar Nähe der Verkehrsströme des Kurfürstendamms, eine kleine barocke Parkanlage mitten im unwirtlichen Neuköllner Kiez, ein gründerzeitlich anmutender Platz in dem als ‚szenig' verschrieenen Bezirk Kreuzberg oder einfach eine belebte Straße, aus den beschlagenen Fenstern eines Caféhauses gesehen.

Überhaupt ist Schönheit eine höchst subjektive Kategorie. Alles ist eine Frage der Perspektive, auch wenn es um die Bewertung großstädtischer Lokalitäten geht. Selbst die vielbeschworene Hektik des ‚Neuen Berlin', selbst das chaotische Treiben einer sich neu formierenden Metropole kann schön sein. Es gibt eine Schönheit, die zufällig entsteht und ebenso wieder verschwindet. Ein Straßenzug erscheint zu einer ganz bestimmten Tageszeit pittoresk und verzaubert, während derselbe Ort eine Stunde vorher oder nachher keinerlei Anziehungskraft mehr zu entfalten vermag. Lichteinfall und Witterungsverhältnisse spielen in solchen Fällen eine ähnliche Rolle wie der kaum zu unterschätzende Faktor persönlicher Gestimmtheit. Mies gelaunt kann es mit der Phantasmagorie nichts werden. Um die

Schönheit der großen Stadt zu erkennen, muß man bereit dafür sein; man muß sich einlassen können auf die Gegebenheiten und dabei auch Überraschungen einkalkulieren. Mag man tausendmal über den Gendarmenmarkt gehastet sein und dabei „schön, schön ..." gemurmelt haben: Die Faszination dieser herrlichen Platzanlage erschließt sich dem Passanten erst in jenem gänzlich ungeplanten Augenblick, als er beim tausendundersten Mal in einem der umliegenden Cafés sitzt und mehr oder minder voraussetzungslos auf die Freitreppe vor Schinkels Schauspielhaus hinausschaut, während am Nachbartisch zwei ältere Damen auf französisch miteinander plaudern. Unzählige Male hat man das alles gesehen. Wie selbstverständlich gehen einem die Namen der Straßen und Plätze von den Lippen. Je näher man aber einen Platz anschaut, desto ferner schaut er zurück.

In diesem Sinne ist der vorliegende Band auch als ein Wieder-Sehen mit einer Stadt zu verstehen, die ihre Geheimnisse nicht immer gleich auf den ersten Blick preisgibt. Berlin mag seinen Bewohnern bekannt und seinen Besuchern, selbst wenn sie die Bilder der Stadt nur durch das Kameraauge der Medien kennen, nicht fremd erscheinen – um ihre Schönheit wahrzunehmen, bedarf es in aller Regel des zweiten Blicks. Das Gefühl einer fast intimen Vetrautheit stellt sich erst mit der Zeit ein, von der Berlin ja bekanntlich mehr als genug zu bieten hat. Berlin ist steingewordene Zeit, die Manifestation historischer Verläufe, die sich im Stadium des Verfalls in ihrer Vergänglichkeit abzeichnen. Berlins aufgerissener, vernarbter Stadtkörper handelt von der Gegenwart der Geschichte, auch wenn im Zuge der Neugestaltung der innerstädtischen Quartiere viele dieser beredten Brachen geschlossen und damit unkenntlich gemacht werden. Überall finden sich Spuren des Vergangenen, an zahlreichen Orten Berlins überlagern sich verschiedene Zeitebenen. So dokumentieren sie neben der Dominanz der jeweiligen Gegenwart der Verlust des Gewesenen.

Diese Sichtbarkeit der nicht selten extremen Gegensätze findet sich in keiner anderen deutschen Stadt. Kontraste, die bisweilen schön, vielleicht erschreckend, gewiß aber aufschlußreich und bewegend sind. In einen Band, der im Querschnitt unterschiedlicher Ansichten auch die Charakteristika des Stadtkörpers Berlin zum Ausdruck bringen will, gehören solche Orte mit der gleichen Berechtigung wie das Brandenburger Tor oder der Boulevard Unter den Linden.

Mit dem Fall der Mauer hat sich Berlin vervielfacht. Auch langjährige Bewohner der Spreemetropole stoßen immer wieder auf Orte, die sie nie zuvor gesehen haben. Diese Tatsache mag etwa in kulturpolitischer Hinsicht manche Problemstellungen mit sich bringen – für passionierte Spaziergänger und Entdeckungsreisende bedeutet die plötzliche Erweiterung des Sondierungsfeldes ein Segen. Was für die innerstädtischen Bezirke gilt, ist in gleichem Maße für das nähere Umland zu konstatieren, auf das zumindest West-Berlin lange verzichten mußte. In unmittelbarer Nachbarschaft zur lärmigen Metropole finden sich eine Vielzahl interessanter Orte, die einen Ausflug allemal rechtfertigen. Wer geriete nicht ins Schwärmen bei einem Blick über ‚Preußens Arkadien', wie er sich beispielsweise von Klein-Glienicke, der Pfaueninsel oder Nikolskoe aus bietet? Wer würde auf der Besucherplattform des Grunewald- oder des Müggelseeturms nicht tief durchatmen und die nahe Großstadt zumindest für Augenblicke hinter sich lassen? Wer wäre nicht fasziniert, wenn der Blick von einer der vielen Dachterassen über das Häusermeer schwenkt? Und wer wäre nicht entzückt, wenn er gemächlich durch das Laubenpieper-Venedig vom Müggelsee nach Neuseeland am Dämeritzsee schippert?

Berlin bleibt eben Ansichtssache. Bei der Zusammenstellung der Beiträge hat sich der Verlag deshalb vom Prinzip der teilnehmenden Beobachtung leiten lassen, die naturgemäß subjektiv gefärbt ist. Zugleich jedoch sollten neben perspektivischen Stadtansichten, die nicht selten als kleine Spaziergänge oder Flanerien angelegt sind und die in ihren thematisch-motivischen Schwerpunktsetzungen meist weit mehr als nur einen einzigen ‚Lieblingsort' umfassen, historische und aktuelle Informationen vermittelt werden, die en passant Hintergrundwissen zu den behandelten Lokalitäten liefern. Wird die Geschichte der Orte in Form von Geschichten erzählt, so kommt dies der Intention des Bandes am nächsten. Die vorliegenden 99 Ansichten sind als erste Folge einer Reihe zu verstehen, in der Berlin-Kenner unterschiedlichster Herkunft und Profession in essayistisch-offener Form und ohne formale Auflagen ihr ganz persönliches Berlin-Bild schreiben. Ergänzt werden diese Artikel durch Beiträge des Verlags, die unserem imaginären Stadtplan den Rahmen setzen. Die nicht namentlich gekennzeichneten Texte stammen von Steffen Damm, Klaus Siebenhaar und Sibylle Söring.

Wer einen Teil dieser Lieblingsplätze animiert im Netz genießen will, findet einzelne Beiträge demnächst in berlin.de, dem Stadtinformationssystem von Primus-Online Berlin-Brandenburg.

Die Autoren des Bandes stellen eine typische ‚Berliner Mischung' dar. Es kommen Repräsentanten von Branchen und Institutionen zwischen Kultur- und Medienbetrieb, Wirtschaft, Politik und Sport zu Wort – heterogen, bisweilen zufällig und damit repräsentativ. Abweichungen und Widersprüche im Urteil sind dabei ebenso erwünscht wie wechselseitige Erhellungen, kommt doch das so entstehende Grundmuster der Collage dem flüchtig-transitorischen, unfertigen und damit offenen, mobilen Wesen der Stadt am nächsten. Man kann es drehen und wenden wie man will: Berlin ist eine herbe Schönheit, die mit einer großen Verführungskraft ausgestattet ist. So sind die hier versammelten 99 Lieblingsplätze auch als eine vorläufige Liebeserklärung an eine Metropole zu verstehen, die ihre Vorzüge nicht gleich beim ersten Rendezvous preisgibt.

Daraus leitet sich unser vornehmstes pädagogisches Ziel ab: „Berlin, wo es am schönsten ist" will vor allem die Lust auf eigene Streifzüge befördern. „Und nun, liebe Mitbürger, haltet mir nicht vor, was ich alles Wichtiges und Bemerkenswertes übersehen habe", hat vor siebzig Jahren ein anderer passionierter Spaziergänger, Franz Hessel, geschrieben, „sondern geht selbst so wie ich ohne Ziel auf die Entdeckungsreisen des Zufalls. Ihr habt keine Zeit? Dahinter steckt ein falscher Ehrgeiz, ihr Fleißigen."

Anhalter Bahnhof | Transit im Brachland

Das vom Krieg malträtierte Berlin weist einige Orte von besonderer Symbolkraft auf: das schmächtige Ruinenportal des einst so großen, stolzen Anhalter Bahnhofs gehört dazu. In jeder Tages- und Nachtzeit, winters wie sommers ist es eine seltsam magische, wie unwirklich anmutende Lokalität. Hinter der Ruine erstreckt sich eine unwirtliche Brache, die fast rührend von jungen Eichenbaum-Reihen gesäumt wird. Einsame Bänke, schlichte Blechpapierkörbe und schütterer Rasen. Man könnte meinen, hier ist ein unvollendetes Fußballfeld entstanden, dabei ist es nur ein öder Trampelpfad. Nicht weit vom Potsdamer Platz, herrscht dennoch eine merkwürdige Stille in all der gestalterischen Bemühtheit, die nicht ohne Absurdität ist – wie etwa der Graffitti-übersäte, demolierte alte S-Bahn-Waggon, der als Zitat für den Bahnhof steht. Blickt man von der Stresemannstraße über den gepflegten, funktionslosen Vorplatz durch die Ruine, verfällt der Betrachter unweigerlich in eine melancholische Grundstimmung. Hier war mal ein Nabel der Welt (-stadt), wo jetzt einsam eine Taxe auf Kunden wartet. Dabei hatte alles so groß begonnen:

Einst Nabel der Weltstadt: Der Anhalter Bahnhof

Der Bahnhof, 1839 bis 1841 als Endbahnhof der Sächsischen (später Berlin-Anhaltischen) Eisenbahn errichtet, war bis zu seiner schweren Kriegsbeschädigung 1945 ein Umschlagplatz des großstädtischen Lebens im Umfeld des Potsdamer Platzes. Im Zuge der Erweiterung und Höherlegung des Bahnhofsgeländes um 1880 wurde das ursprüngliche Gebäude durch einen Neubau nach Plänen von Franz Schwechten ersetzt, dessen Ruine heute zu sehen ist. Die repräsentative Fassade, ein Riegelbau mit Eingangshalle und hohen Rundbogenfenstern, verkleidete die monumentale, 170 Meter lange und über 60 Meter breite Bahnsteighalle.

Im August 1946 nahm die Deutsche Reichsbahn nach einer provisorischen Instandsetzung den Betrieb zunächst wieder auf. Im Zuge der deutschen Teilung wurde der Kopfbahnhof, von dem aus über ein halbes Jahrhundert Züge von Berlin in Richtung Anhalt fuhren, jedoch entbehrlich. 1952 legte man ihn endgültig still, 1959 bis 1961 erfolgte der Abriß des Bahnhofs, lediglich ein Fragment des Portikus blieb zur Erinnerung an seine ehemalige Bedeutung erhalten.

Neues Leben wird im 21. Jahrhundert das auf der Brache zwischen Askanischem Platz und Landwehrkanal geplante Zeltgebäude des „Tempodrom“ bringen – wenigstens ein Anschluß auf Zeit, auch wenn nie mehr von hier ein Zug abfahren wird.

Stresemannstraße, Kreuzberg, S Anhalter Bahnhof

8

Bebelplatz, Große Hamburger Straße, Jüdisches Museum | Orte der Abwesenheit

MATTHIAS ARNDT

In der Mitte des vielbeschworenen ‚Neuen Berlin‘ gibt es nur noch wenige Orte, an denen die Abwesenheit machtvoll allen innerstädtischen Nivellierungsversuchen trotzt. Ich meine Orte, an denen die Leere eine Dichte gewinnt, wie sie nur wenige Architekturen in Glas und Beton erreichen. Der Boden besteht aus Sedimentschichten mit Ablagerungen und Rückständen vergangener Ereignisse. So auch jener Quadratmeter Bebelplatz, der mir so lieb ist: Eine quadratische

Panzerglasplatte gibt den Blick auf einen grell erleuchteten Raum unter dem Platz frei. Dieser Raum ist, abgesehen von hunderten steinernen Regalfächern, leer. Mit seiner Arbeit „Bibliothek“ hat der Künstler Micha Ullman 1995 ein „Denkmal zur Bücherverbrennung vom 10. Mai 1933“ und damit eine der eindrucksvollsten Kunstwerke im öffentlichen Raum Berlins geschaffen. Mit minimalen Mitteln macht Ullman die Abwesenheit der 37.000 Bücher, die Nazis und Studenten in der Nacht des Autodafés auf der Platzmitte verbrannten, auf physisch beklemmende Weise zur Drohung, zeichnet mit nichts als dem leeren Raum das Horrorszenario eines Lebens ohne Bücher, der Abwesenheit von Kultur und Kunst. Die zahllosen Besucher, die diesen Ort aufsuchen oder zufällig über ihn ‚stolpern' (zwei in den Boden eingelassene Bronzeplatten liefern die notdürftigsten Fakten – ein Künstler, der seiner bildnerischen Sprache vertraut), erfühlen die Geschichte dieses Ortes. Nachts wird die Szenerie zwischen der ehemaligen Preußischen Staatsbibliothek und der Staatsoper noch eindringlicher: Dann lodert ein kaltes, leeres Feuer aus dem Boden, so als würde da ein ewiger Brand glimmen.

Abgerissen wurde am Bebelplatz auch die Gedenktafel für Lenin, der in der damaligen Preußischen Staatsbibliothek im Jahre 1895 seine Studien betrieb. Die Halterung der Tafel rechts neben dem Eingang hat als Wundmal alle bisherigen Fassadenreinigungen überdauert. Auch in diesem Fall erinnert das Werk eines Künstlers an das heute Abwesende: In ihrer Arbeit „The Detachment – Die Entfernung“ hat die Französin Sophie Calle 1996 zerstörte Orte der DDR-Vergangenheit fotografiert und Passanten zu deren persönlichen Erinnerungen an diese Orte befragt. Aus den Zeugenaussagen montierte sie, zusammen mit den Fotos der Leere, ein facettenreiches Bild lokaler Erinnerung. Auch das Stück malträtierte Außenwand der Bibliothek ist dokumentiert.

Ein weiteres grandioses Beispiel für den Umgang mit der Abwesenheit in der Kunst und dem kollektiven Gedächtnis ist das „Missing House“ von Christian Boltanski in der Großen Hamburger Straße. Boltanski ließ 1990 ein in den letzten Kriegstagen zerbombtes

Haus auferstehen, indem er die Namen seiner Bewohner auf den Brandmauern der erhaltenen Nebengebäude anbrachte. Dieses Werk ist Berlin glücklicherweise erhalten geblieben.

Es ist die Abwesenheit, die die Erinnerung stimuliert, indem sie unsere eigenen Bilder zum Vergangenen auf den Plan ruft. Eines der schönsten Denkmäler der Abwesenheit ist sicherlich Daniel Libeskinds Neubau des Jüdischen Museums. Genialisch definiert er seinen Bau um die Leere herum. Ein Vakuum aus Hohlräumen scheint den Raum zu tragen. Nur die Seele des Baus scheint den Raum zusammenzuhalten. Hülle und Inhalt verschmelzen zur Skulptur. Dieser Bau braucht keine Exponate mehr, ist sich und der Erinnerung selbst genug.

Der Bebelplatz: Die Stille ist stärker

Der Kulturkritiker Andreas Huyssen vertritt die interessante und nachvollziehbare These, daß Berlin um so leerer wird, je mehr Bauten vollendet und Lücken geschlossen werden. Er beklagt den Verlust der Brachen und Freiräume, die vormals unsere Phantasie anregten. Das gilt für die großen Plätze der Stadt und besonders für den Bezirk Mitte, dessen Freiflächen und leerstehende Räume nach dem Mauerfall Künstler und Kunstvermittler aus aller Welt anzogen, um von dort aus eine der international vitalsten Kunstzenen zu entwickeln. Wir werden sehen, was nach der ‚Sohoisierung' vom Scheunenviertel übrigbleibt. Um den Bebelplatz indessen mag es toben, soviel es will: Die Stille ist stärker.

Bebelplatz, Mitte, U Französische Straße, Hausvogteiplatz

Berlin im Kopf

HERMANN HAARMANN

Jeder trägt Bilder mit sich. Bilder, die Gegenwart und Vergangenheit zusammenbringen. Projektionen der Wirklichkeit. Kopfbilder, die ihre eigene Wirklichkeit haben. Was, wenn Bilder, zumal Bilder Berlins, nach dem ersten oder zweiten Blickkontakt sich zu einer eigenständigen Bilderkette aufbauen? Sind es nurmehr Abbilder der großstädtischen Realität oder sind es imaginierte Bilder, die beständig variiert, neu komponiert werden in der Absicht, doch endlich zusammenzusetzen, was eigentlich nur flüchtig dahinzieht? Bilderwelten bedürfen der punktuellen Fixierung, sollen sie befragt werden auf ihre Bedeutsamkeit in einer Welt der Bilder. Alles zerfließt, obwohl das reale Berlin trotz seines dauernden Wandels am Ende doch zu Stein gewordene Metropole sein wird. Gegen die Hoffnung, daß immerwährende Veränderung bestimmend sei auch für das neue Berlin, wird in dieser Stadt angebaut. Nur im Kopf wechseln die Bilder.

Die gespeicherten Erfahrungen vieler Jahre und vieler Örtlichkeiten – sie drängen in den Vordergrund, verblassen oder verschmelzen. Geprägt sind sie durch den frühen Besuch des westdeutschen Schülers, nicht in der obligatorischen Gymnasialgruppe, sondern aus eigener Kraft und aus Neugierde. Berlin war der heimlichste Ort, abgeschnitten und ganz im fernen Osten. Im öffentlichen Bewußtsein nur durch die blaue 2-Pfennigsbriefmarke, zusätzlich auf jede Postsache zu kleben, durch die brennenden Kerzen in den Fenstern zur Weihnachtszeit zum stillen Gedenken an die Brüder und Schwestern in der Ostzone. Deutsche Nachkriegsgeschichte mit Konrad Adenauer! (In Berlin verfolgte ich die Fernsehbilder über den Staatsakt anläßlich seines Todes; Bundeswehrsoldaten bevölkern in meiner Erinnerung die offiziellen Bilder.) Endlich vor Ort in Berlin mutierte Berlin zu Gegenden, in denen zu leben ein Student sich leisten konnte. Ich wohnte nicht in Kreuzberg. Nicht der Dahlemer Campus war Zentrum, sondern Lucie Leydicke und ihre Obstweine aus dem Hahn. Da feierte man an der hohen gründerzeitlichen Holztheke den Abschluß des

1. Mai, und Lucies strohblonder Kopf lugte gerade einmal über den Tresen. Überhaupt war Berlin schon mit seiner Westhälfte zu groß für den Provinzler. Doch der Platz an der intellektuellen Sonne, die Freie Universität Berlin, bot ungeahnte Möglichkeiten selbstverantwortlichen Lernens und Studierens, die ihresgleichen suchten, und zog in den Bann, der auch während der kommenden Jahre nicht an Wirkung verlor. Die Plätze, über die ich mich mit Berlin verbunden fühlte, änderten sich kaum. Berlin als Beförderer schönster Tagträume für eine menschlichere Zukunft blieb eigentümlich konstant, und mit ihnen die Straßen und Kreuzungen, die die politischen Demonstrationszüge jedes Mal und wieder einmal durchliefen.

Merkwürdig abgehängt dagegen der Ostteil, in den einzureisen dem Westdeutschen leichter gemacht wurde. Dort zog es, und der Wind pfiff unangenehm über die Steine. Der Alexanderplatz war groß, kalt, nur die Marienkirche trotzte am Rande ein wenig den sozialistischen Planquadraten. Es schien immer grauer Herbst zu sein in Ost-Berlin. Das weißorangene Licht der hohen Straßenlaternen verstärkte den Eindruck großzügiger Ungemütlichkeit. Selbst die erste Nacht des gemeinsamen Feierns nach dem Fall der Mauer fand zuerst in der Bleibtreustraße statt. Freunde animierten zu einem Bummel, das historische Ereignis im wahrsten Sinne des Wortes zu begehen, von dem niemand auch nur nebulöse Vorahnungen entwickeln konnte. Wir liefen in Richtung Kurfürstendamm. Der Kudamm, sonst eher ein Möchtegern-Boulevard, quoll über von Fußgängern – eine Meile des Frohsinns, ein Laufsteg glücklicher Menschen. Der halbe Bogen, den Josef Erben an der Kreuzung Bleitreustraße/Kurfürstendamm, zur „Pyramide“ aufgespannt hatte, schien aus dem Boden zu wachsen und zu schweben – in meinem Kopf. Wachsen so Träume in dieser Stadt? Sie sind in jedem Fall aus Stahl, nur modern angemutet, ansonsten eher gefällig. Offen aggressiv waren dagegen Olaf Metzels unter der Verkehrskanzel aus den fünfziger Jahren aufgestapelten rotweißen Absperrgitter „13.4.1981“. So treffend, weil radikal diese Skulptur die unruhige Stadt und Stadtgeschichte symbolisierte, damals also den politischen Nerv West-Berlins traf, so schnell wurde sie am Ende der Kunstaktion demontiert. Nur Wolf Vostells Cadillacs türmen sich nach wie vor am Halenseer Kudamm-Ende. Der Beton mußte inzwischen ausgebessert werden. Nun bewahrt er, was er umschließt.

Bilder verschwimmen, legen sich übereinander. Überlagerungen verwischen nicht, sondern verschieben die Konturen. Darin befördern sie einen Ermüdungsprozeß, der mit zunehmenden Alter einsetzt. Tiefenschärfe stellt allein noch die Erinnerung her. Nicht daß dadurch die Sinne heutigen Reizen sich verschließen würden, die Augen, Ohren, die Nase öffnen sich weiterhin den großstädtischen Sinnlichkeiten. Von Berlin kann man sich nicht verabschieden. Immer neu häufen sich im Kopf die Bilder, allein nur wenige sind Bilder des wirklichen Berlin. Heute ist es mein Zehlendorfer Garten, morgen die Charlottenstraße, immer seltener sind es Plätze. Ist Berlin nicht eigentlich platzlos, denn die gewachsenen Plätze, die Treffpunkte Berliner Geselligkeit sind zumeist schäbige Lokalitäten der Zufälligkeit? Inszenierte Plätze führen mit standardisierten Verkehrsführungen auf glänzenden Wege in die Zukunft. Doch jeder findet seinen Ort, jeder findet sein Berlin. Vielleicht das Berliner Zimmer, in dem Gespräche zu führen so großen Spaß macht? Vielleicht die Bibliothek, um dort gemeinsam mit anderen zu studieren? Vielleicht das Café, wo Berliner Zufallsbegegnungen sich eröffnen? Vielleicht der Pariser Platz mit dem Brandenburger Tor, durch das hindurch Berlin nach langen Jahren der Ödnis sich selbst anzuschauen beginnt? Vielleicht ... Im Kopf rumoren neue Bilder.

Über die Linden zum Berliner Dom | Eine geistliche Flanerie

BRIGITTE GROTHUM

Für mich als Berlinerin, die ich die 40 Jahre anhaltende Teilung Berlins und Deutschlands schmerzlich erlebt habe, ist der Fall der Mauer und die Wiedervereinigung Deutschlands ein Wunder, an dem ich mich jeden Tag wieder erfreue. Deshalb genieße ich es besonders, wenn ich all die Wege gehen kann, die ich bis vor zehn Jahren nur aus Erzählungen oder aus der Literatur kannte.

Ich gehe am liebsten durch das offene Brandenburger Tor über die Linden, vorbei am Adlon, an der russischen Botschaft, der Komischen Oper, der Staatsbibliothek, der Humboldt-Universität, der Neuen Wache, dem Deutschen Historischen Museum, dem Kronprinzessinnenpalais, der Staatsoper, dem Kronprinzenpalais bis zur Schloßbrücke, die mit den herrlichen Skulpturen Schinkels geschmückt ist.

Von hier oben läßt sich's vortrefflich auf die Stadt schauen: Die Kuppel des Berliner Doms

Auf der Brücke verharre ich und blicke links auf den Lustgarten mit dem dahinterliegenden Alten Museum und vor mir auf den gewaltigen Berliner Dom. Ich trete ein die Kühle des Baus und nehme Platz zwischen den Säulen, auf denen die Reformatoren Luther, Zwingli, Melanchthon und Calvin stehen. An glücklichen Tagen klingt in die weihevolle Stimmung ein Choralvorspiel aus Johann Sebastian Bachs Orgelbüchlein – dem größten Ereignis der europäischen Musikgeschichte, wie Albert Schweitzer sagt.

Ich denke darüber nach, warum Menschen seit Jahrtausenden beim Errichten von Kirchen oder Tempeln keine Mühe und kein Opfer scheuen, um einem höheren Wesen nahezukommen. Ich denke dabei an das Buch des anglikanischen Bischofs Robinson „Gott ist anders“:

Wir müssen viel über Gott vergessen, vielleicht sogar den Namen.

Gott ist das Geheimnis, die Tiefe.

Ich richte meine Blicke nach oben zu den Kuppelmosaiken:

Selig sind die Barmherzigen

Selig sind die reinen Herzens sind

Selig sind die um der Gerechtigkeit Willen verfolgt werden

Selig sind die da hungert und duerstet nach der Gerechtigkeit und

Selig sind die Friedfertigen,die meine Gedanken über die Bergpredigt hinaus zu den Aufführungen des „Jedermann“ führen, die alljährlich hier stattfinden.

Wenn ich mich noch kräftig genug fühle, steige ich die 270 Stufen bis zum Kuppelumgang hinauf, von wo ich einen freien Rundblick über die gewaltigen Ausmaße Berlins gewinne, die Hauptstadt Deutschlands.

Am Lustgarten, Mitte, S Hackescher Markt

Berliner Friedhöfe | Die Stadt als Location

REGINA ZIEGLER

Ich will nicht herumsülzen, aber Berlin hat die schönsten Friedhöfe, die ich kenne.

Paß auf, hab ich mir sofort gesagt, paß auf, daß du jetzt nicht in diese schwer erträgliche Sülzerei einstimmst, von wegen „schönste Stadt der Welt"' oder so ähnlich. Gib zu, daß Köln auch seinen Reiz hat (im Februar vor allem)! Warum hätte ich dort sonst eine eigene Firma? Gib zu, daß in München derzeit die schönsten Fußballrechte der Welt liegen! Vergiß nicht, daß es in Hamburg Wohngegenden gibt, von denen man in Berlin nur träumen kann! Paß auf, habe ich mir geschworen, laß die Kirche in Zehlendorf!

Aber Hand aufs Herz: Von Karneval, Geld und Gegend allein lebt eben keiner. Wenn ich mich auf den Weg mache, nur um einmal an allen Galerien vorbeizugehen, auch an denen von gestern, und nur ab und zu eine Currywurst esse, dann brauche ich dazu ziemlich lange. Wenn ich mir Häuser anschauen will, in denen Leute gewohnt haben, die man auf der ganzen Welt kennt (zum Beispiel Adele Sandrock in der Leibnizstraße), auch wenn der eine oder andere Berliner bei Nennung dieses Namens fragend mit den Achseln zucken würde, dann habe ich schwer zu tun. Wenn ich all die Spaziergänge mache, die mir von Kennern wie Huhn und Prinz in ihren Beschreibungen geraten werden, dann bin ich frühestens fertig, wenn die Lokale wirklich schließen. Und weiß dann endgültig, daß man hier über jede Art von Vergangenheit stolpern kann und erst anschließend ins richtige Museum geht. Es hilft nichts, auch Quedlinburg ist ein schöner Ort, weil ich dort seinerzeit geboren wurde. Auch Mallorca hat schöne Stellen, obwohl diese andere Insel (der Berliner) gerade mal wieder heruntergeschrieben wird. Aber Berlin ist einfach von allem mehr.

Mir kommt es, damit es mir gutgeht, nicht darauf an, daß ich alles, was zu haben ist, auch anschaue (eher schon: daß ich alles, was es zu essen gibt, auch esse). Viel wichtiger ist es für mich, daß ich es sehen und haben könnte, wenn ich wollte. Das kann ich hier. Der Punkt ist, daß ich einfach wählen kann und anschließend auch keinem lange erklären muß, weshalb ich immer noch lieber in die Schaubühne gehe als in die fabelhaften anderen Theater. Weil ich nun einmal – in Oberkirchen aufgewachsen – vom Lande komme und konservativer bin als diese tollen Bühnen, die es sonst noch gibt. Und natürlich, weil ich einmal mit Peter Stein gearbeitet habe und weil eines meiner Lieblingslokale gegenüber liegt.

Ich habe viel produziert in Berlin. Das bringt es mit sich, daß man eine Stadt auch wie einen Drehort sieht, die großen Motive, die Großstadt und das Grüne, die Menschen, Massen, die Traditionsbauten und die neuen Häuser: Ich bin immer auf der Suche nach neuen Motiven. Da ist mir keine Kuppel zu hoch.

Zwei weiße Flecken habe ich bisher noch nicht füllen können: Erstens die Hotels. So, wie der Nutzer sie sieht. Die kenne ich leider nur vom Hörensagen und den Abrechnungen meiner Schauspieler. Ich würde sie gerne mal ausprobieren. Aber da dürfte ich wahrscheinlich meinen Hund nicht mitnehmen, der sonst überall gelitten ist. Und was sollte ich dort auch machen? Mitten in der Nacht würde ich aufstehen und, nach einem Gang durch Mitte, nach Hause fahren.

Und zweitens die Friedhöfe – ebenfalls aus Nutzersicht. Ich kenne keine Stadt, wo es schönere gibt. Als wir vor einem Jahr unseren Freund Ulrich Schamoni im Waldfriedhof in Zehlendorf begraben haben, ganz in der Nähe von Ernst Reuter und Willy Brandt, da habe ich einen Augenblick gedacht: Wenn überhaupt, dann möchte ich da auch mal liegen. Dann hab ich mich so umgeschaut und gesehen, wer alles mit mir am Grab stand und habe gedacht: Ob die dann auch wieder alle da sind? Die Feinde schon, aber auch die Freunde? Das muß ich nun im Laufe der nächsten Jahrzehnte klären.

Waldfriedhof Zehlendorf, Potsdamer Chaussee 75-77, Zehlendorf, S Schlachtensee

Bleibtreustraße | Früher, als ich klein war ...

ULRICH MEYER

Frühsommer in der Bleibtreustraße – und meine Frau ist glücklich. Sie wühlt im „Moosgrund“ nach japanischen Schuhen, ganz konzentriert und ernst. Es riecht nach Sonne, Kastanie und Wochenende. Die Stadt, ausgeflogen am Samstagmorgen. Eine grauschopfige Berlinerin radelt übers Kopfsteinpflaster. Schick, ganz in Schwarz – und schön. Hier bleiben sie länger schön als anderswo, gibt's das? Ja, in Kudamm-Seitensraßen geht das. Wer braucht Paris?

Bleibtreustraße, Samstag morgen: Sonne, Kastanien, Wochenende

Ich habe Berlin GEHASST – echt! Eine eigene Regionalliga – früher, als ich klein war – mit Vereinen wie die Reinickendorfer Füchse. Zum Piepen! 1981 war ich erstmals in der Stadt, lange rausgeschoben – und ich dachte, ich ersticke an dieser Mauer.

Du siehst sie nicht immer, aber du fühlst dich wie gewürgt. Wessi-Denke, aber so war's. 1991 sitze ich vor dem Café „Adler“ in Kreuzberg. Da vorne haben sie gestanden mit ihren Panzern, damals – und da hinten reißen sie den Checkpoint Charlie weg, als hätten sie noch zwanzig andere, Checkpoint Zulu inklusive. Hier mußt du sein, spüre ich, hier brummt's, brumm' mit! Ich bin geblieben. Ihretwegen. Sie im roten Kleid.

Jetzt kommen sie alle. Die aus Bonn sollen die Stadt umkrempeln. In mir lacht der Kölner: Bonner! Freuen sich auf Szene, Weltstadt, Marathon, Architekten. Na schön. Alles nett. Gibt's oft!

Bleibtreustraße, Charlottenburg/Wilmersdorf, S Savignyplatz

Dampfbad im Hotel Bleibtreu | Berlins feuchtwarmer Untergrund

SEBASTIAN KNAUER

Der Stein ist schwarz, warm und wellig. Blanker Schiefer aus der Eifel im Dampfbad des Berliner Hotels Bleibtreu. Sowohl die Wände, als auch die geschwungene Sitzbank des weniger als zweieinhalb Quadratmeter großen Dampfbads sind mit dem soliden, Jahrhunderte alten Material ausgelegt. Gewonnen in Steinbrüchen, die schon die Römer ausbeuteten für das neue Rom an der Spree. Die Macht kommt aus den Thermen.

Zweieinhalb Quadratmeter feuchtwarmer Berliner Untergrund. Ladestation für die erschöpften Batterien des Hauptstadtbesuchers. Die beschlagene Glastür schließt zu der dampfenden Zelle. Aus versteckten Düsen steigt regelmäßig fauchend, wie aus einem isländischen Geysir, weißer Wasserdampf auf. Gefühlte Temperatur: gerade richtig, mindestens 70 Grad Celsius. Luftfeuchtigkeit: balinesisch.

Die in der ersten Schieferstufe eingelassenen Scheinwerfer senden helle Strahlen in die nebelige Suppe. Kondensierendes Wasser läuft über den schwarzen Stein. Der Po macht beim Hinsetzen ein quatschendes Geräusch. Ein tropischer Wärmemantel legt sich über den nackten Körper, dessen Poren sich langsam öffnen, Wohlgefühl wandert von den heißer werdenden Zehen nach oben, die Kopfhaut kribbelt, die halbdunkle Grotte verwandelt sich in eine Lustmaschine.

Außer dem ab und zu zischenden Geysir ist nichts zu hören. Ruhe, absolute Ruhe legt sich über den Hauptstadtbesucher, der sonst dem Hämmern, Hupen oder den Handys der neuen Republik kaum entkommen kann. „Lieber Gott, gib mir den Himmel der Geräuschlosigkeit, gib mir die Ruhe der Lautlosigkeit und die Stille", flehte bereits 1927 der Hauptstadtbewohner Kurt Tucholsky über die habituell lauten Berliner und ihre Hunde.

Hier, im Untergeschoß des 1995 in einem ehemaligen Charlottenburger Mietshaus eingerichteten Designhotels findet er sie. Vorbei an Vorratslagern der Küche, führt das Schieferband zu der chipkartengesicherten Tür. Das Dampfbad heißt hier zwar auch „Wellness-Bereich", trotzdem ist es ein Dampfbad. Gut fühlen, gut riechen, gut spüren. Die Tür öffnet sich mit einem summenden Klick. Zwei karge Kleiderhaken betonen den minimalistischen Charakter der „Wellness“. Es geht nur noch um das, was einem sicher in allen Lebenslagen bleibt: der eigene Körper.

Im Buchenholzregal lagern frische Handtücher. Empfohlen ist, sich gleich an der Rezeption mit einem ebenso flauschigen Bademantel einzudecken. Eine warme-kalte Dusche vorweg reinigt von dem Berliner Ballast, dem Ruß vom Prenzlauer Berg, dem Staub des Pergamon, den Keimen des KaDeWe, dem Schweiß aus dem Staatsratsgebäude oder dem Sand der märkischen Straßen. Die Hektik eines vollen Tages verrinnt in dem kleinen, stahlglänzenden Gully des Schieferbodens.

Das Entree zum Hotel Bleibtreu

Nach dem Dampfbad kommt die milde Müdigkeit. Der harte Duschstrahl aus der Deckenbrause und das Tauschbad im eiskalten Überlaufbecken trifft wie ein angenehmer Keulenschlag. Nur einige Schritte, und eine der beiden rettenden Liegen aus dunkelbraunem Hartholz ist erreicht. Bademantel schließen, Handtuch über die Füße, Augen zu. Die eigentliche Reise durch Berlin und das gerade Erlebte beginnt. Zeit zum Nachdenken und Einordnen, ein kostbares Gut zwischen terrorisierender Mailbox und teurer Menükarte.

Und dann das Abtauchen in den Kurzschlaf. Der Herzschlag übernimmt die Regie. Der Kopf macht Pause. Letzter Gedanke vor dem Wegnicken: was ist schöner, Dampfbad oder Sex? Die Lider zucken schon, und die Frage ist beantwortet. – Wiedergeburt nach einer Viertelstunde. Aus einem stählernen Zylinder am Boden verdunsten feine ätherische Öle. Die Sinne kehren mit diesem Geruch zurück und lassen mühelos ein Aufwachen unter dem duftenden Pinienhain am Mittelmeer vorstellbar werden. Berliner Luft, mal ganz anders.

An der Decke des Pinienraums, direkt über der Wunderliege, befindet sich eine merkwürdige Installation von einem halben Dutzend farbiger Neonröhren. Rot, gelb, blau, grün, weiß –-beliebig lassen sich die Grundfarben über einen elektrischen Schalter wählen. Das Licht wiederum aktiviert nach naturgesetzlichen Regeln die Kräfte des bestrahlten Körpers. Nicht das harte Bombardement einer Solarbank, sondern beruhigende Wellen der sanften Lichtorgel wecken die Geister.

Im Nebenraum warten schon die erfahrenen Hotelheilkundigen. Höhepunkt der Hauptstadt. Geduldig erklären sie anhand eines bunten Schaubildes mit zwei detailliert aufgeschlüsselten Fußstapfen, welche Punkte am empfindlichsten Körperteil, der Fußsohle, mit den anderen Organen korrespondieren. Außenriß, Ballen, Ferse, Zehen. Die Meisterin der Fußreflexe und empfindlichen Zonen läßt das Dampfbad nur als angenehmes Vorspiel erscheinen. Nach einer halben Stunde Kneterei ist Berlin so weit weg wie das Römische Reich.

Endlich ist der Besucher am wunderbarsten Platz Berlins angekommen: bei sich selbst. Nach einer weiteren Ruhepause kann der Abend im richtigen Berlin beginnen. Gerötetes Gesicht, durchblutete Haut, duftendes Haar. Neben dem Fahrstuhl des Bleibtreu stehen große Glasschalen mit frischen Äpfeln. Bevor es in die Nacht geht noch ein Vitaminstoß. Äpfel, Dampfbad, Schiefer – Berlin bleibt sich treu.

Bleibtreustraße 31, Wilmersdorf, S Savignyplatz

Botanischer Garten: Urwald hinter Glas

Berlin ist eine der grünsten Metropolen der Welt: Die Natur hat sich tief ins Stadtbild eingegraben, und der Berliner liebt seine Bäume – nicht zuletzt seiner Hunde wegen. Schloßgärten, große und kleine Parks, mit und ohne See, gehören traditionell zur Passion des Städtebewohners, und schon deshalb zählt der Botanische Garten, neben Zoo und Tiergarten, zu den bevorzugten Orten. Es ist ein bürgerliches Vergnügen im bürgerlichsten Bezirk Berlins, da, wo das so oft totgesagte Bildungsbürgertum eine erlebbare Größe darstellt. Und ebenso schön wie eindrucksvoll in gutem altem Sinne:

Der 1897 bis 1910 nach Plänen des Architekten Alfred Koerner und unter Leitung des Gartendirektors Adolf Engler angelegte Botanische Garten in Steglitz zählt mit 43 Hektar Fläche und rund 18.000 Pflanzenarten zu den größten und artenreichsten Botanischen Gärten der Welt. In beispielhafter Form repräsentiert er die auf Peter Lenné und Gustav Meyer zurückgehende Gartenkunst des späten 19. Jahrhunderts. Die Anlage, heute eine Zentraleinrichtung der Freien Universität Berlin und ein beliebtes Ziel für Spaziergänger und passionierte Lustwandler in geordneten Bahnen, besteht aus drei Bereichen: dem parkähnlichen Arboretum mit seiner Gehölz- und Rosensammlung, der Exposition weltweiter pflanzengeographischer Formationen und der systematischen Abteilung mit rund 1.500 Pflanzenarten. 15 Schaugewächshäuser befinden sich in geometrischer Anordnung am Ostrand des Parks, darunter das 1907 errichtete, 25 Meter hohe und eine Fläche von 1.700 Quadratmeter überdachende Große Tropenhaus – eines der größten der Welt und zudem ein schönes Beispiel für die Glas-Stahl-Architektur des 19. Jahrhunderts. Ihm vorgelagert ist das Victoria-Haus, in unmittelbarer Nähe befinden sich weitere, in den achtziger Jahren erneuerte Gewächshäuser.

1905/06 entstand aus dem Fundus des ehemaligen Königlichen Herbariums das Botanische Museum, dessen Eingang an der Königin-Luise-Straße liegt. Es umfaßt neben umfangreichen wissenschaftlichen Pflanzensammlungen, darunter das Generalherbarium mit rund 2,5

Mio. Herbarbögen, auch ein sehenswertes Schaumuseum, das europaweit einzige rein botanische Museum. Hier können neben zahlreichen Modellen des Pflanzenreichs, riesigen exotischen Blumen und aufregenden Dioramen u.a. auch die pflanzlichen Beigaben ägyptischer Pharaonengräber studiert werden.

Wer nach dieser pflanzenkundlichen Bildungsreise noch eine reale Oase des Glücks inmitten der großen Stadt sucht, der gehe einfach ein paar hundert Meter die nach Adolf Engler benannte Allee hinauf, biege linkerhand in den zauberhaften Erlenbusch ein, tauche ein in die wunderschöne Parklandschaft Dahlems mit seinen kleinen, verwunschen-stillen Straßen (Im Dol, Hirschsprung, Finkenstraße, Vogelsang), genieße großbürgerliche Villenpracht, melancholische Birkenwäldchen, und verliere sich gedanklich ins Berlin der Jahrhundertwende ...

Königin-Luise-Straße 6-8, Steglitz, S Botanischer Garten

8 Bülowbogen | Glänzender Asphalt

Wenn man zu gewissen Tageszeiten die Potsdamer Straße vom Kleistpark aus in Richtung Kulturforum entlanggeht (oder -fährt), kann es vorkommen, daß sich der Passant auf der Höhe des Bülowbogens – dort also, wo die Hochbahn über die Straße führt – mit einemmal in einer völlig anderen Stadt wähnt. Die dunkelbraunen Fassaden der Deutschen Bank und der Commerzbank linker und rechter Hand der Fahrbahn in Verbindung mit der massiven Eisen- und Sandsteinkonstruktion der Hochbahnpfeiler, in die auf halber Höhe die Köpfe helmbewehrter Gottheiten eingearbeitet sind, legen an dieser Stelle eher die Vermutung nahe, man befinde sich in Manchester, Sheffield, oder einer anderen Hochburg des industriellen Zeitalters, das historisch ja längst hinter uns liegt. Vielleicht auch in Gotham City, jenem imaginären Metropolis, in dem es niemals hell wird und in dem Technik, Größenwahn und Zerfall nahe beieinander liegen.

Der Ort ist wahrhaftig nicht schön, aber für jeden bekennenden Städtebewohner unverzichtbar. Ein hochfrequentierter Verkehrsknotenpunkt auf der Transitpassage zwischen den Bezirken Schöneberg, Tiergarten und Charlottenburg, in dessen Richtung das weiße Hinweisschild mit der Aufschrift „Zoo“ verheißungsvoll weist. Hier hält man sich nicht auf, hier schaut man, daß man weiterkommt. Bemerkenswert ist die Stelle trotzdem, vor allem dann, wenn es regnet oder der Himmel über Berlin zumindest stark bewölkt ist. Am besten, es schüttet wie aus Eimern. Denn unter solchen klimatischen Voraussetzungen beginnen die dunklen Fassaden in der Feuchtigkeit zu glänzen und jene seltsame, dichte Atmosphäre zu entfalten, die zu den wichtigsten Voraussetzungen befristeter Zeit-, Ort- und Szenenwechsel gehört.

Berlin Transit in Eisen und Stein: Die Hochbahn Bülowbogen

Früher, als alles noch ganz anders war, befand sich im U-Bahnhof Bülowstraße ein gut besuchter Flohmarkt, eine Art Basar, in dem man jeden erdenklichen Plunder für ‘n Apfel und ‘n Ei erwerben konnte. Heutzutage wird der Komplex wieder verkehrstechnisch genutzt. Der Bülowbogen ist im sprichwörtlichen Zug der Zeit seiner ursprünglichen Bestimmung zugeführt worden. Und gäbe es nicht gelegentlich den glänzenden Asphalt der Straße und die schweren, nassen Mauern, so fände die Imagination an diesem undefinierten, transitären Ort wohl überhaupt keinen Anknüpfungspunkt mehr. Und es wäre doch schade, wenn am Ende nur das mediatisierte Phantasiepotential einer beliebten Fernsehserie übrigbliebe.

Potsdamer Straße, Ecke Bülowstraße, Schöneberg, U Bülowstraße

Chamissoplatz | Kreuzberger Gründerzeit

Es gab immer beschaulich-schöne Plätze mit fast großbürgerlicher Anmutung im früher so gefürchteten Kreuzberg. Riehmers Hofgarten etwa – oder der pittoreske Chamissoplatz, in den besseren Kreuzberger Nächten einst Zentrum der Edel-Szene des guten alten West-Berlin. Der nach dem romantischen Dichter und Naturforscher Adalbert von Chamisso (1781-1838) benannte Platz bildet in baulicher Hinsicht eine fast vollkommene Einheit, wie sie in dieser geschlossenen Form kaum ein zweites Mal in Berlin zu finden sein dürfte.

Das 1877 auf der Grundlage des sogenannten Hobrechtplans angelegte Ensemble zwischen Willibald-Alexis- und Arndtstraße liegt im bürgerlichen Teil von Kreuzberg – nur einen Steinwurf vom belebten Mehringdamm und der szenigen Bergmannstraße entfernt. Von hektischer Betriebsamkeit ist hier allerdings nichts mehr zu spüren. Die Ruhe, die vom Chamissoplatz ausgeht, mag vor allem damit zusammenhängen, daß die klassizistischen Fassaden aus der Gründerzeit von Kriegsschäden weitestgehend verschont geblieben sind und sich noch heute in ihrem alten, homogenen Zustand präsentieren. Innerhalb dieses seit 1964 geschützten Baubereichs trägt sogar die pastellartig-blasse Farbgebung der Häuser dieser bewußten Reminiszenz ans Historische Rechnung. Daß man sich östlich des Viktoriaparks unvermittelt in die Gründerzeit zurückversetzt fühlt, hängt neben der typischen fünfgeschossigen Blockrandbebauung und der einheitlichen Fassadengestaltung auch mit dem Kopfsteinpflaster, den Gaslaternen, der gußeisernen Wasserpumpe und dem grünen Pissoir zusammen, die als typische Relikte vergangener Tage erhalten wurden und nunmehr beinahe den Charakter von Ausstellungsstücken annehmen.

Der Chamissoplatz: Gründerzeit und Kreuzberger Kunstszene

Auch wenn man es ihnen nicht unbedingt gleich auf den ersten Blick ansieht: die Straßen rund um das Karree sind von kleinen Läden, Cafés, Restaurants und Galerien geprägt, die – ebenso wie die Mischkultur auf den Straßen – erkennbar zur Belebung des Quartiers beitragen. Die Galerie am Chamissoplatz ist wie die „Haifischbar" in der Arndtstraße eine Kreuzberger Institution, auch heute noch gelassen wartend auf bessere Zeiten im müde gewordenen Quartier.

Zwischen Arndt- und Willibald-Alexis-Straße, Kreuzberg, U Gneisenaustraße

Checkpoint Charlie | Verschwundene Grenze

Da stehen sie, Heerscharen von Touristen auf der Suche nach den fast verschwundenen Requisiten des Kalten Krieges, der Ost-West-Teilung. Kein amerikanischer Tourist versäumt diesen legendären Ort, der heute nur noch auf Bildern und in der Erinnerung existiert. Würde nicht – wie aufgepflanzt – das Foto eines jungen, sympathischen Rotarmisten mitten auf der Straße von oben herab blicken und so dem alten Original (?)-Schild „Sie verlassen den amerikanischen Sektor" einen historischen Sinn geben, man könnte heute meinen: Hier beginnt der amerikanischste Teil des ‚Neuen Berlin'.

Kontemplation inmitten des Trubels: Skulptur von Claes Oldenburg am Checkpoint Charlie

So kulissenhaft mutet die neue Büroarchitektur auf dem überbauten, alten Grenzgebiet an, so neutral international ist es um Atmosphäre und Anmutung bestellt, wenn der Blick in die baumlose Friedrichstraße fällt.

Daran ändern auch nur wenig die zahllosen kamerabewaffneten Fremden, ihre vielen klimatisierten Busse oder die letzten, eher an ein Freiluftmuseum gemahnenden Zitate aus Mauerzeiten (der kleine Wachturm hinter dem Bauzaun, Brandmauer-/Ecke Zimmerstraße, das Mauermuseum).

Der Checkpoint Charlie Anno 2000 ist ein hochspekulatives Gelände, manche Brache und ewiger Bauzaun künden von – vorläufig – geplatzten Investorenträumen. Abends versinken die Nebenstraßen, die glänzenden Büroflächen wirken tot, Spaziergänger verlieren sich kaum noch in diesem Quartier. Das sehr schöne Bistro Friedrich's in der Mauerstraße – tagsüber quirliger Treffpunkt der internationalen

Developer-Gilde – leert sich, es sei denn, die engagierte Wirtin hält mal wieder einen ihrer politischen Salons ab. Bonjour Tristesse!

Was bleibt, ist eine imaginative Faszination, für die man sich inmitten des touristischen Trubels ein bißchen Kontemplation gönnen sollte. Denn der Mythos Berlin gebiert hier ein neues Kapitel der endlosen Geschichte von der Kolonialstadt. Wer diesen Ort vergangener Zukunft in seiner sehr spezifischen ‚Schönheit' erfahren will, setze sich deshalb einfach vor (sommers) oder (winters) an das Fenster des kleinen Café „Adler" an der Ecke Zimmerstraße. Jeder kann zum Tagträumer seiner ‚Geschichte(n)' werden.

Friedrichstraße 200, Mitte, U Kochstraße, Stadtmitte

Deutsches Theater, Schumannstraße 13a | Piazza mit Prinzipalen

THOMAS LANGHOFF

Jeden Morgen, an dem ich in die Schumannstraße biege, freue ich mich auf den Moment, wenn sich der Platz vor dem Deutschen Theater und den Kammerspielen dem Blick öffnet. Wenn die Sonne scheint, ist's natürlich am schönsten. Ein Geviert, eine Art Piazza, selbst schon ein Theater – so liegt er da. Eine gute Bühne für verschiedene Auftritte. Zuschauer streben zur Kasse, Schauspieler schlurfen zur Probe, andere sitzen an den Tischchen beim Kaffee. Der Höhepunkt ist aber erreicht, wenn die Vorstellungen in beiden Häusern pausieren, die Menschen angeregt auf den Platz strömen. Da ist es nicht in Berlin, mehr südlich, wie vor einem Festspielhaus. Würdig stehen die Büsten unserer Väter vor den Seitenhäusern und schauen, sicher mit dem größten Vergnügen, auf die Besucher. Oder es fällt Schnee und verleiht dem Platz plötzlich eine stille Würde. Das Licht fällt aus den erleuchteten Theatern, die Menschen eilen auf die Türen zu, wie auf ein Sehnsuchtsziel.

Früher war dies ja ein Hinterhofplatz, eine Bombe hat das Vorderhaus weggehauen, die Kaserne auf der anderen Straßenseite verschwand. So entstand ein merkwürdiger Platz, eine Oase in der City. Nicht zu protzig, nicht zu repräsentativ, aber doch würdig und einladend präsentieren sich die beiden Theater. Kein Theaterbau, kein Theaterplatz gefällt mir mehr, und ich hab' schon einige gesehen. Da wohnen meine Erinnerungen; meine Zukunftsträume? Schumannstraße 13a.

All the World's a Stage: Der Vorplatz des Deutschen Theaters

Schumannstraße 13a, Mitte, S/U Friedrichstraße, U Oranienburger Tor

Dorotheenstädtischer und Französischer Friedhof | Geist vermähle sich dem Schlaf

Zuletzt waren es die tagelangen Trauerprozessionen für den hier begrabenen Dramatiker Heiner Müller und den Schauspieler Bernhard Minetti, die diesen traditionsreichen Grabplatz in die internationalen Medien brachte. Aber auch sonst pilgern Geschichtsbewußte, nach Kontemplation inmitten hektischen Großstadtgetriebes Suchende in reicher Zahl an diesen Ort, von dem ein eigenartiger Stimmungszauber ausgeht. Vielleicht liegt das an seinen übersichtlichen Ausmaßen, seiner exponierten Lage direkt neben dem pulsierenden Leben oder einfach an seiner geistigen Aura, die seine letzten Bewohner verströmen.

Der Dorotheenstädtische Friedhof wurde 1762 vor dem Oranienburger Tor angelegt und dient seit der Schließung des Friedrichwerderschen Friedhofs beiden Gemeinden als Begräbnisstätte. Der Dorotheenstädtische wie auch der angrenzende Französische Friedhof haben als Ruhestätte zahlreicher bekannter Persönlichkeiten und wegen der typologisch fast vollständig vertretenen Denkmalkunst der Berliner Bildhauerschulen des 19. Jahrhunderts eine herausragende Bedeutung.

Der Eingangsweg des Friedhofs führt zu einer Marmorstatue des Reformators Martin Luther, die 1909 von Ernst Wagener hergestellt wurde – eine vergrößerte Kopie der 1821 von Johann Gottfried Schadow geschaffenen Denkmalsfigur für den Marktplatz in Wittenberg. Das älteste Grabmal ist das zwei Meter hohe Sandsteinmal für den 1807 verstorbenen Fabrikanten Jacob Fröhlich.

Zu den bedeutendsten bildhauerischen Arbeiten zählt das drei Meter hohe Grabmal, das Schadow seiner 1832 verstorbenen zweiten Frau setzte – eine abgeschnittene Säule aus Sandstein, die mit einer marmornen Deckelurne bekrönt ist. Das Bildnismedaillon auf dem Grab des preußischen Staatsmanns und bedeutenden Förderers von Gewerbe und Gewerbeschulen, Peter Christian von Beuth, sowie die Büste des Industriellen August Borsig (1804-1854), stammen von dem

Bildhauer Christian Daniel Rauch (1777-1857), der ebenfalls hier bestattet ist.

Auf dem Dorotheenstädtischen Friedhof, der direkt neben dem letzten Berliner Wohnhaus von Bertolt Brecht und Helene Weigel in der Chausseestraße liegt und vom ehemaligen Arbeitszimmer des hier beigesetzten Dichters aus überblickt werden kann, befinden sich außerdem die Grabstätten der Philosophen Georg Wilhelm Friedrich Hegel (1770-1831) und Johann Gottlieb Fichte (1762-1814) sowie die des Baumeisters Karl Friedrich Schinkel (1781-1841) und des Bildhauers Gottfried Schadow (1764-1850). Weitere berühmte Persönlichkeiten haben auf diesem Friedhof ihre letzte Ruhestätte gefunden, u.a. die Schriftsteller Johannes R. Becher (1891-1958), Heinrich Mann (1871-1950) und Anna Seghers (1900-1983), die Komponisten Hanns Eisler (1898-1956) und Paul Dessau (1894-1979) oder der Graphiker und Bühnenbildner John Heartfield (1891-1968).

Der 1780 angelegte Französische Friedhof ist von dem Dorotheenstädtischen durch eine Mauer getrennt. Sein bedeutendstes Denkmal ist das „Ancillon-Monument“, ein von Karl Friedrich Schinkel erbautes Grabmal für den Erzieher Friedrich Wilhems IV., Friedrich Ancillon (1767-1837). Bei diesem erst 1840 nach einer Zeichnung entstandenen Sarkophag handelt es sich um eines der letzten Werke Schinkels. In unmittelbarer Nähe befindet sich das große, kapellenartige Baldachingrab des 1861 verstorbenen Kunstsammlers Ludwig Ravené von Friedrich August Stüler. Auf dem Friedhof ist außerdem das Grab Theodor Fontanes angelegt, auf dem ein schlichter Grabstein aus schwarzem Granit aufgestellt worden ist.

Und draußen tobt der Verkehr, über den schon seine hier situierte Romanheldin „Stine“ beredt Klage zu führen wußte ...

Chausseestraße 126, Mitte, U Oranienburger Tor, Zinnowitzer Straße

Fasanenstraße | Vorne Kudamm, hinten Ostsee?

HERBERT WIESNER

Das Schäbige zuerst: links die hochstieligen weißen, neuerdings metallfarbenen Schalen mit den Sonderangeboten einer Parfümeriekette, die schräg gegenüber, an der nächsten Kreuzung des Kurfürstendamms, schon eine weitere Filiale unterhält.

Die ausgestellten Packungen sind nur beschriftete Hüllen, die niemand stiehlt, leere Versprechungen von Schönheit und Duft. Gleich daneben, bereits eindeutig am Kudamm, also nicht mehr in der Fasanenstraße, stehen Regale mit verbilligten Schuhen im Weg, immer nur einer von jedem Modell, damit keine Frau zweibeinig und ohne zu zahlen davonläuft. Am Straßenrand warten zweistöckige Busse. Von hier aus kann man seit dem Abriß der Mauer ganz Berlin, Potsdam einschließlich, besichtigen. Beinahe vergessen ist, daß man mit der Verpflichtung, mindestens ein sowjetisches Ehrenmal sowie eine Musterwohnung an der Stalinallee zu besichtigen, von fast gleicher Stelle aus schon vor Errichtung der Mauer nach Ost-Berlin abfuhr.

Damals war der Kudamm mit den noch vorhandenen Vorgärten fast so fein, wie er es heute wieder werden will. Doch die Fasanenstraße, an deren südlicher Einmündung ich stehe, war abgeglittenes West-Berlin. Aus ihrer Bordellzeit ist nur noch ein Nightclub übrig geblieben. Nachts quatschen einen die Schlepper an. Sie wohnen nicht in dieser Gegend und kennen mich deshalb nicht. Was versprechen sie eigentlich? Ich habe es nie recht verstanden. Jemand war in der Bar gewesen, und er raunte von äußerster Obszönität, doch ich vermute eher gähnende Biederschweinerei mit Orangenhaut für nächtens übriggebliebene Touristen.

Zu der Zeit hat das Astor-Kino schon geschlossen – ein Denkmal kinematographischer Vorführung. Daneben verkauft tagsüber ein Eifriger die Ideologie des Teetrinkens und beschallt den Kudamm mit klassischer Musik. Über Kino und Bar, in der Pension Stern, hat Robert Musil ab dem 21. November 1931, bis er Deutschland am 21. Mai 1933 verlassen wollte und mußte, an der Fortsetzung seines Romans

„Der Mann ohne Eigenschaften“ gearbeitet. Vor den Fenstern, unten am Eck, bindet an den Wochenenden ein Maler seine erlesenen Blumensträuße. Das Astor-Haus ist prächtig und nürnbergerisch, eine großstädtische Trutzburg, die in kein Nürnberg mehr paßte.

Auf der anderen Seite des Kudamms: eine Bank, das arisierte Kempinski mit Restaurant und Tischen davor. Wie praktisch, weil Platz schaffend, daß am Kudamm so viele Ecken gerundet sind. Diese andere Seite ist schon Ausland. Ich komme von Süden aus zu einem Haus mit Garten. Dort, im Literaturhaus Berlin, steht mein Schreibtisch, dort steht ein schwarzes Pult, von dem aus ich Schriftsteller vorstelle, Ausstellungen eröffne. Mein Ort draußen ist nur 40 Meter von drinnen entfernt. An meinem Schreibtisch spreche ich mit Büchern, geschrieben überall in der Welt. Nur wenige Meter weiter sehe ich Berlin, einen Teil von Berlin, meinen alltäglichen Ort. Wer gerade nicht hier ist, flaniert über die Friedrichstraße. Wer gerade nicht dort ist, kommt hier vorbei. Es ist gar nicht so schlecht, hier im alten Neuen Westen zu stehen. Alles ist schon démodé, alles schon wieder Vorstadt?

Haus mit Eigenschaften: Im Astor-Haus schrieb Musil an seinem Großroman

Noch kann sich das Kino behaupten, und gegenüber stellt ein alter Jude das chaotische Wirrwarr aller silberner Bric-á-brac-Phantasien der Welt aus: den Manschettenknopf als Tennisschläger und den Tennisschläger als Manschettenknopf. Die Luxusgeschäfte der Fasanenstraße mit Juwelen, Täschnerwaren und Prêt-à-porter-Mode sind mehr Firmenrepräsentanzen als Verkaufsläden, nur die Antiquitätenhändler gehören zu den Ureinwohnern der Straße. Kurz vor der nächsten Ecke ist der Glamour wieder zu Ende. Zehn oder zwölf Hausnummern auf jeder Straßenseite, mehr nicht; in den abzweigenden Passagen verirrt sich kaum noch ein Kunde. Der Luxus im westlichen Berlin ist ein Kurzstreckenläufer. An meiner Ecke jedoch reißt die Karawane nicht ab. Der Damm, der ehemalige Reitweg nach Westen, die Avenue ist heute eine lang hingestreckte Gemischtwarenhandlung mit sozialen Höhen und Niederungen. Keine Ringstraße, kein Boulevard, obwohl viele Berliner Kulturhistoriker das glauben.

Ich genieße den Wechsel: Vorne der Kudamm und hinten zwar nicht die Ostsee, aber der Garten des Literaturhauses und über ihm mein Arbeitsplatz. Es ist reizvoll, die Stille so nahe dem Lärm zu genießen, die ungebundene Ausschweifung der sinnlichen Wahrnehmung auf der Straße und die gebundene Abschweifung der Dichtung im Hause.

Kurfürstendamm, Ecke Fasanenstraße, Charlottenburg, U Uhlandstraße

Festungsgraben | Schmuckstück hinterm Kastanienwäldchen

Unmittelbar hinter Karl Friedrich Schinkels Neuer Wache und dem angrenzenden Kastanienwäldchen am Boulevard Unter den Linden erstreckt sich zwischen Humboldt-Universität und Zeughaus mit dem Festungsgraben ein schmuckes Ensemble klassizistischer Baukunst, das nur einen Steinwurf von Berlins großer Repräsentationsmeile entfernt zu Entspannung und befristeter Ruhe einlädt.

Gemeinhin nähert man sich von den Linden, reizvoller, weil beschaulicher ist der Weg durch die Dorotheenstraße, den Hintereingang also. Seltsam ruhig, fast ausgestorben wirkt der von Bäumen gesäumte ‚kiezige' Straßenzug – trotz der Straßenbahn und eher großen Haltestelle. Von hier kann man auch einen schönen Blick in den Garten des Gorki-Theaters wagen, bevor man in Richtung Festungsgraben abbiegt.

Das Palais am Festungsgraben ist ein im Kern friderizianischer Bau, der 1751 bis 1753 nach Plänen des Berliner Architekten Christian Friedrich Feldmann errichtet wurde. Seine spätklassizistische dreigeschossige Fassade mit gequadertem Erdgeschoß und zwei unterschiedlich behandelten Obergeschossen folgt einem strengen Schema, in das sich ein Konsolgesims und eine Dachbalustrade als Abschluß einfügen. Ein Portalbau mit Säulen und Balkon bildet die Vorfahrt zu dem Gebäude, das als Adelspalais erbaut und in der Folgezeit u.a. als preußisches Finanzministerium und zu Beginn des 19. Jahrhunderts als Dienstwohnung des Freiherrn von Stein genutzt wurde.

Schmuckkästchen im Herzen der Stadt: Das Palais am Festungsgraben

Bis zur Wende firmierte das Palais unter dem Namen „Haus der Deutsch-Sowjetischen Freundschaft". Seit 1996 sind der traditionsreiche Künstlerklub „Die Möwe" und ein feines Restaurant gleichen Namens in dem Gebäude ansässig. Der etwas verblichene repräsentative Charme hat das Palais zu einem beliebten Ort für festliche Empfänge avancieren lassen.

Das angrenzende Maxim-Gorki-Theater ist im Gebäude der ehemaligen Sing-Akademie zu Berlin untergebracht, das 1823 bis 1827 von Karl Theodor Ottmer nach Entwürfen Karl Friedrich Schinkels errichtet wurde. Das in räumlicher Hinsicht kleinste unter den Berliner Staatstheatern spielt heute vor allem Stücke von Autoren des 20. Jahrhunderts sowie – der Tradition seines Namenspatrons gemäß – russischer Dramatiker. Mit populären Schauspielern wie Harald Juhnke, Katharina Thalbach und Ben Becker hat sich das kleine Haus viele Anhänger und ein überragendes Renommee verschafft. Nach einer umfassenden Renovierung wird das Gorki-Theater wieder ein echtes Schmuckkästchen im Herzen der Stadt und im Schatten des Zeughauses und der Staatsoper Unter den Linden sein.

Am Festungsgraben, Mitte, S, U Friedrichstraße, Hausvogteiplatz

Flughafen Tempelhof | Movies und Rosinenbomber

Der Flughafen Tempelhof ist etwas für Nostalgiker, die immer noch von unverwechselbaren Rollfeldern, riesigen Hangars, einer atmosphärisch identifizierbaren Ankunft träumen – von all dem also, was Fliegen einst zum unverwechselbaren Erlebnis machte. Hier ist das noch in seiner archaischen Anmutung zu haben, trotz der nirgends zu leugnenden Vergangenheit. Obwohl der Flughafen Tempelhof neben dem Olympiastadion und dem ehemaligen Reichsluftfahrtministerium zu den monumentalsten Zeugnissen nationalsozialistischer Herrschaftsarchitektur zählt, verbindet man mit dem 1936 bis 1941 nach Plänen von Ernst Sagebiel erbauten, größten Flughafenkomplex Europas doch vor allem Bilder des Nachkriegs-Berlin. Abgesehen von dem Umstand, daß der heute kleinste unter den insgesamt drei Berliner Flughäfen bis Ende der sechziger Jahre der einzige Airport der Stadt und in bezug auf West-Berlin auch ein lange Zeit lebensnotwendiger

Brückenkopf in die sogenannte Freie Welt gewesen ist – die Wiederaufnahme des zivilen Luftverkehrs erfolgte am 18. Mai 1946 –, sind für diese Assoziationskette wohl vor allem jene Spielfilme verantwortlich, in denen die insgesamt 400 Hektar große Areal als Kulisse in Erscheinung tritt. Billy Wilders Film-Klassiker „Eins, zwei, drei" mit Horst Buchholz alias Otto Ludwig Pfiffl, der auf dem Rollfeld seine amerikanischen Schwiegereltern begrüßt, ehe er sich vom überzeugten Kommunisten in den Grafen Droste-Schattenburg verwandelt, zählt dazu, ebenso wie Wim Wenders „In weiter Ferne so nah" oder Joseph Vilsmairs „Commedian Harmonists", die vor einer JU 52 auf dem Rollfeld stehen. Statteten prominente Besucher wie Telly Savallas, Herbert von Karajan oder John Wayne der geteilten Stadt im Schatten der Mauer eine mehr oder weniger ausgiebige Visite ab, so landeten sie in aller Regel in Tempelhof – das heißt: mitten in der Stadt. Die Lage des ‚Zentralflughafens' unweit des westlichen wie östlichen Stadtzentrums kommt noch heute der wachsenden Zahl von Politikern zugute, die von hier aus in einer knappen halben Stunde das Regierungsviertel erreichen können.

Alles ist Geschichte: Die Zentralhalle des Flughafens Tempelhof

Ein weiteres Kapitel in der Nachkriegsgeschichte des Flughafens wurde in den Jahren 1948/49 geschrieben, als Tempelhof der wichtigste Start- und Landeplatz für die ‚Rosinenbomber' und zugleich wichtigster Umschlagplatz für die eingeflogenen Güter war. Einer der legendären ‚Rosinenbomber' kann noch heute vom Columbiadamm aus besichtigt werden. Wer hat nicht schon einmal die Schwarz-Weiß-Fotos mit den nach oben schauenden Kindern auf den Trümmerbergen von Tempelhof gesehen, die einen der silbergrauen Flugzeuge beim Landeanflug beobachten. Zur Erinnerung an die Opfer der Berlin-Blockade der Westsektoren durch die damalige UdSSR wurde auf dem Platz vor dem Haupteingang 1951 das von Eduard Ludwig entworfene Luftbrücken-Denkmal aufgestellt, das die Berliner liebevoll-schnoddrig ‚Hungerkralle' nennen. Schon seit 1949 trägt der Platz der Luftbrücke seinen heutigen Namen.

Der Grundriß der gigantischen Anlage mit einer Gesamtlänge von 1.200 Metern ahmt die Form von Adlerschwingen nach; etwas weniger pathetisch und mit gleicher Berechtigung könnte man auch von der eines Kleiderbügels sprechen. In der Mitte der Hangars befindet sich die 100 Meter lange Passagierhalle, die mit ihrer Lichtdecke und den umlaufenden Galerien heute der einzige öffentlich zugängliche Teil der Anlage ist. Im Vergleich zur anonymen Passagierabfertigung in Schönefeld oder Tegel oder sonstwo in der Welt entfaltet die mit PVC ausgelegte, sympathisch überschaubare Halle noch immer den Charme der fünfziger Jahre.

Alles ist Geschichte, oder besser: anachronistisch-museal, nicht nur wegen der an der Decke hängenden Flugkörper. Und: nichts ist Retorte – man sieht es, man riecht es, man spürt es, man ahnt es –, denn die Spuren der Vergangenheit sind allgegenwärtig. Und bis heute verbergen sich hinter den riesigen, fast blinden Fensterbändern, in den hunderten leeren Büros und in den kilometerlangen Katakomben die vielen Geheimnisse von Tempelhof.

Zwischen Tempelhofer Damm und Columbiadamm, Tempelhof, U Platz der Luftbrücke

Friedrich-Wilhelm-Stadt | Lebenswelt am Regierungsviertel

RUPERT GRAF STRACHWITZ

An vielen Stellen in Berlin gibt es spektakuläre Architektur, alte wie neue – und immer mehr ganz neue. An vielen Stellen gibt es vertraute und verträumte Plätze. Von beidem kenne ich auch einiges. Und doch möchte ich ein kleines Viertel schildern, das, fast wie eine Enklave, unspektakulär inmitten vieler neuer Gebäude, aber auch mitten im Geschehen des ‚Neuen Berlin' liegt. Erst um 1830 wurde das nicht sehr große freie Feld innerhalb der Stadtmauer von 1734 stadtplanerisch gestaltet und planmäßig bebaut. Vom regierenden König bekam es seinen Namen: die Friedrich-Wilhelm-Stadt. Die wenigen Straßen, die Albrecht-, Luisen-, Marien-, Reinhardt- und Schumannstraße, durchschneiden und ordnen ein Areal, das sich von der Friedrichstraße nach Westen bis zu der hier in einem Bogen fließenden Spree und vom Schiffbauerdamm bis zur Charité hinzieht. Unterirdisch erreicht hier die Panke ihr Ende, indem sie von der Spree aufgenommen wird. Wer vom Bahnhof Friedrichstraße, die Fußgängerbrücke unter der Bahn nutzend, in die Friedrich-Wilhelm-Stadt hinabsteigt, spürt sofort den Unterschied zu den Stadtteilen auf der anderen Seite. Unbeschadet vieler Baustellen ist leicht zu sehen, daß für Berliner Verhältnisse viele Gebäude aus der Zeit der ersten Bebauung stammen und spätere sich angeglichen haben: Es dominiert ein unprätentiöser, aber nicht uneleganter Klassizismus, den Zutaten nicht haben auslöschen können und den die jetzt gebauten Häuser hoffentlich nicht kopieren, aber auch nicht negieren werden. Auf der Marienstaße entlangzugehen, tut wohl; dort reiht sich nicht Laden an Laden, und der Betrachter bekommt an beiden Enden – welch' Seltenheit in Berlin – wohlproportionierte alte Häuser in den Blick.

Und doch ist die Friedrich-Wilhelm-Stadt beileibe kein Reservat, auch keine Idylle. Deutsches Theater und Berliner Ensemble haben ihr schon immer ein Gepräge als Theaterviertel gegeben. Die Reinhardtstraße erinnert namentlich an die große Zeit des Quartiers. Nicht zuletzt deswegen wohnen in den großen Wohnungen bis heute einige

Künstler. Die Charité, ursprünglich nur in der angrenzenden Spandauer Vorstadt angesiedelt – und 1710 weit vor der Stadt als Pesthaus gegründet – war lange und wird vielleicht wieder die deutsche Universitätsklinik, die als Forschungs-, Lehr- und Heilstätte in die ganze Welt ausstrahlt. Im evangelischen Hospiz in der Albrechtstraße, heute Hotel Albrechtshof, trafen sich zu DDR-Zeiten viele aus Ost und West zu vertraulichem Gespräch. In der „Möwe" in der Luisenstraße debattierten ostdeutsche Künstler, sich relativ frei von Spitzeln wähnend und nicht wissend um den groß dimensionierten Abhörraum. Japaner sind oft auf dem Weg zur Mori-Ogai-Gedenkstätte, ebenfalls in der Luisenstraße, wo an seinem Berliner Wohnsitz (wenn auch nur zur Untermiete) die Erinnerung an Japans großen Goethe-Kenner und -Übersetzer gepflegt wird. Mitten in diesem Viertel mahnt freilich auch ein Hochbunker von 1943 an die kriegerische Seite von Berlins Geschichte. Die Koepjohannsche Stiftung in der Albrechtstraße erinnert an die Schiffbauer, die dem Damm den Namen gaben. Entlang der Reinhardt- und Luisenstraße führen Läden und Neubauten dann schnell zurück ins ‚Neue Berlin'.

Der S-Bahnhof Friedrichstraße: direkt am Spree-Ufer

Bald werden die Medien, die sich aufgrund der Nähe zum Regierungsviertel gern hier ansiedeln, werden Parteien wie die FDP in der Reinhardtstraße, Verbände wie der Wirtschaftsrat der Union und viele andere, die dem Raumschiff aus Bonn entsteigen – nicht zu vergessen, ihre „Ständige Vertretung" – das Bild prägen. Werden sie sich vermischen mit den Künstlern, den Intellektuellen, den Wissenschaftlern und den Bürgern, die in dem Quartier wohnen? Werden sie beim alteingesessenen Bäcker mit hugenottischem Namen einkaufen? Oder doch lieber den neuvertrauten (guten!) Italiener frequentieren? Werden sie am Schiffbauerdamm in den Lokalen sitzen oder das Viertel nach getaner Arbeit fliehen? Und werden sie dem Fleckchen auch im ‚Neuen Berlin' seinen Charme lassen?

Es gäbe noch vieles zu entdecken: Die von Langhans gebaute Tierärztliche Anatomie etwa – welch ein Kontrast zu Norman Fosters Architektur auf der anderen Spreeseite! Ich jedenfalls arbeite gern in der Friedrich-Wilhelm-Stadt – und nehme die Baustellen in Kauf. Irgendwann werden die vielen Gerüste ja fallen! Am Zirkus – so heißt eine der kleinen Straßen wirklich – habe ich meinen Parkplatz zu liegen; das Berliner „zu" soll sagen: ich fühle mich schon heimisch!

Zwischen Schiffbauerdamm, Luisenstraße, Schumannstraße und Am Zirkus, Mitte, S/U Friedrichstraße

Galopprennbahn Hoppegarten | Ein Hauch von Ascot am Rande der Mark

Zu den Vorzügen einer echten Metropole gehört, daß sie die ganze weite Welt in sich versammelt. So gibt es am östlichen Rande der großen Stadt, wo Wälder, Seen und andere Lustbarkeiten der Mark schon locken, auch Baden-Baden oder Ascot in Berlin. Hier heißt es nach Art der Region Hoppegarten, hat als Pferderennbahn eine – wie könnte es in Berlin anders sein – bewegte Geschichte und – wie viele hoffen – eine glanzvolle Zukunft vor sich. Allzu lange mußten West-Berliner mit der kleinbürgerlichen Trabrennbahn in Mariendorf vorlieb nehmen, und im sozialistischen Arbeiter- und-Bauern-Staat durfte sich über die Jahrzehnte auch nicht das wahre mondäne Flair in Hoppegarten entfalten. Das ist jetzt anders, große Hüte, große Limousinen, zunehmend Hautevollée aus Parvenuepolis Berlin haben das gesellschaftliche Leben auf die in manchen Bereichen fast idyllische Anlage zurückgebracht. Der Blick zurück lohnt aber gleichfalls:

Am 17. Mai 1868 erfolgte in Anwesenheit König Wilhelms I. und des Reichskanzlers Otto von Bismarck das erste offizielle Rennen auf der Galopprennbahn Hoppegarten, die bald zur größten in Deutschland werden sollte. In wenigen Jahren wuchs die Anlage auf 780 Hektar, fünf Bahnen mit insgesamt 45.000 Metern Länge und 1.500 Pferden an. Spitzenrennen verzeichneten bis zu 40.000 Besucher

Auf heute 430 Hektar verfügt die einzige Galoppanlage für Berlin und Umland über eine Renn-, mehrere Trainerbahnen und Hinderniskurse sowie 380 Pferde. Erhalten sind die 1922 errichtete, 4.000 Zuschauer fassende Haupttribüne und das denkmalgeschützte Waagegebäude nebst Jockey-Stube.

Vorbilder für die von Carl Bohm gestaltete Anlage waren die Pariser Rennbahnen Chantilly und Longchamp. Mit der Geschichte des Hoppegartens eng verknüpft ist der Union-Klub, der das Gelände 1874 von Heinrich von Treskow erwarb und hier die wichtigsten deutschen, europäischen und internationalen Flachrennen ausrichtete. Im Zuge der Enteignung des Klubs nach 1945 ging die Geschäftsleitung an den VE-Rennbetrieb Hoppegarten über, ab 1974 an den VEB Vollblutrennbahnen. Das letzte DDR-Derby fand am 24. Juni 1990, das letzte Rennen um den Großen Preis der DDR am 5. August 1990 statt. Heute ist der Union-Klub erneut Eigentümer der Anlage.

Während der von April bis Oktober dauernden Saison sind in Hoppegarten, dem einstigen Zentrum des deutschen Turfs, derzeit 15 Rennen zu sehen, darunter der „Prix Zino Davidoff“, das „BMW-Europa-Championat“ und die „Berlin-Brandenburg-Trophy“. So werden nicht nur Pferdefreunde fragen: Ja, wo laufen sie denn ...

Rennbahnallee, Hellersdorf, S Hoppegarten (Mark)

Gendarmenmarkt | Geschichte, Kunst und andere Delikatessen

UDO WALZ

Ob in New York, Paris, Mailand oder London – phantastische Plätze habe ich während meiner Reisen häufig sehen können. Doch nur wenige dieser Plätze vereinen die Historie und die Moderne einer Metropole, Kunst und Menschen so stark wie der Gendarmenmarkt in Berlin. Er ist mein Lieblingsplatz schlechthin in dieser Stadt. Eine Leidenschaft, die ich mit vielen meiner Kunden, Ur-Berlinern und Berlin-Begeisterten, teile.

Gendarmenmarkt: Historie und Moderne, Kunst und Menschen

Freunde von mir aus der ganzen Welt, die mich in „meiner Stadt" besuchen kommen, setze ich immer wieder gern der Faszination dieses historischen Ortes aus. Den Mittelpunkt des eindrucksvollen Ensembles bildet, umrahmt vom Deutschen und Französischen Dom, das von Karl Friedrich Schinkel erbaute Schauspielhaus. Das heutige Konzerthaus am Gendarmenmarkt zieht den Konzertbesucher nicht nur durch meisterhafte Konzerte in- und ausländischer Spitzen-Orchester in seinen Bann, sondern auch durch das schmuckvolle Innere der drei Konzertsäle, die übermächtige Orgel und das klassizistische Foyer. Dort einem Konzert zu lauschen ist nicht nur ein Kunstgenuß, sondern vielfach die Einstimmung auf einen anregenden und spannenden Abend in einem der umliegenden Restaurants. Ob im „Borchardt", ein aus einem über 100 Jahre alten Delikatessengeschäft hervorgegangenes Restaurant im Stil einer schicken Pariser Brasserie, oder im „Vau", wo der Gast neben der vorzüglichen Küche auch die Segnung und Wirkung eines Cocktails in der hauseigenen Bar genießen kann. Wer gut speisen möchte, kommt am Gendarmenmarkt ganz auf seine Kosten. Auf der Rückseite des Platzes laden die Quartiere 205 und 206 mit ihren edlen Boutiquen und Geschäften sowie die Galeries Lafayette zum stöbern, unterhalten und kaufen ein. Moderne Architektur, die sich in ein Gesamtensemble – begrenzt durch die Friedrichstraße, die Straße Unter den Linden und die Leipziger Straße – hervorragend einfügt und den Zeitgeist des heutigen Berlin eindrucksvoll verkörpert.

Ein Platz, der Leben und Genießen atmet! Ein Platz zum Träumen und Verweilen in unserer oftmals hektischen Großstadt. Für mich seit Jahren vor allem eines: ein Ort zum Wohlfühlen!

Zwischen Französischer Straße, Charlottenstraße, Mohrenstraße und Markgrafenstraße, Mitte, U Französische Straße, Hausvogteiplatz

G Glienicker Brücke | Freier Blick auf die Vergangenheit

GEORG GAFRON

Berlin kennt viele Stellen, an denen sich die Tragik der Geschichte und der Wandel der Gegenwart zu einer besonderen Symbiose vereinen und zum Nachdenken zwingen. Doch solche Orte werden immer dann zu etwas ganz Persönlichem, wenn sich eigene Erfahrungen damit verbinden.

Ende der siebziger Jahre – ich war aus der DDR geflohen und gerade mal zwei Jahre im Westen – machte mich ein guter Freund auf den U-förmigen Verlauf der Mauer unweit der Glienicker Brücke aufmerksam. Und tatsächlich: 200 Meter vor dem geschichtsträchtigen Bauwerk führte auf der Königstraße ein schmaler Pfad in ein parkähnliches Gelände hinein. Plötzlich war man mittendrin in einem Stück nahezu unberührter Natur. Nur ganz selten kam einem jemand entgegen. Keine Berliner mit Hunden, keine Touristen – die meisten hielten dieses Parkgelände wohl ganz einfach schon für Osten.

Man selbst tauchte förmlich in die Stille ein und spürte dennoch, daß die Harmonie und Ruhe etwas Unwirkliches hatte. Der Weg verläuft leicht bergan, hinauf auf den 66 Meter hohen Böttcherberg. Nahm eben noch eine Rotwild-Familie den Blick gefangen, so rückte jetzt jäh die schlimme Realität der Teilung ins Bewußtsein. Der Todesstreifen mit zwei Mauern, Hundelaufanlagen, Fahrzeugstreifen und Schießtürmen lag unter einem – keine zehn Meter entfernt. Gleich dahinter ein paar Häuser – Sperrgebiet.

Die Glienicker Brücke: Präsenz der jüngsten Vergangenheit

Einmal, im Winter, winkten meine noch kleinen Söhne spielenden Kindern auf der anderen Seite zu. Diese reagierten nicht und wurden kurz darauf von ihren Eltern ins Haus gerufen. Dafür tauchte ein Jeep der Grenztruppen auf. Wir wurden lange und immer wieder fotografiert, ein anderer telefonierte hektisch herum. Was für ein absurdes Geschehen an diesem Platz. Irgendwann wurde einem dann doch mulmig.

Doch ohne ein kurzes Innehalten an der 1869 von Alexander Gilli geschaffenen Loggia Alexandra – ein wundervoller Pavillon mit pompejanischen Fresken – konnte ich nicht in den Alltag zurückkehren. Das Kleinod preußischer Baukunst schien einem die Gewißheit zu geben, daß die Geschichte auch die Perversion der Mauer überwinden wird.

Auch heute versuche ich wenigstens einmal im Jahr auf dem Böttcherberg zu stehen – nur daß heute die Mauer verschwunden ist und die spielenden Kinder freundlich zurückwinken.

Königstraße, Zehlendorf, Bus A16, 116

Große Hamburger Straße | Das „Missing House“

PETER RAUE

Das Lebendige an der Kunst ist die Differenz zur Politik – das Kunstwerk weist sowohl auf den Terror der Verwirklichung als auch auf das Unwirkliche hin (Heiner Müller).

Diese nachdenkenswerten Zeilen von Heiner Müller waren das Motto eines unvergleichlichen Ausstellungsvorhabens, das Rebecca Horn, Jannis Kounellis und Heiner Müller nach dem Fall der Mauer entworfen und 1990 verwirklicht haben unter dem von Heiner Müller gefundenen schwer verständlichen Titel DIE ENDLICHKEIT DER FREIHEIT. Diesem Ausstellungsvorhaben, das an verschiedenen Orten in Berlin West und Ost zu erleben war, verdanke ich die Kenntnis von jenem Ort in Berlin, an den ich Freunde führe, wenn sie nach Berlin kommen, Zeit zum Nachdenken, zum Flanieren und auch noch die Neugier haben, Vergangenheit in der Gegenwart zu erfahren. Ich führe sie an einen Ort, an dem sichtbar-gelebte Toleranz und die schwärzesten Taten eines mordenden Staates, von Erinnerung an einen der erstaunlichsten Momente des (allzu seltenen) Widerstandes gegen die Judenverfolgung und die Folgen kriegerischer Zerstörung, auf beklemmend dichte Weise erfahrbar werden: die Große Hamburger Straße. Keine 500 Meter müssen wir gehen, um all das zu sehen, was ich skizziere:

Kaum betreten wir die Große Hamburger von der Oranienburger Straße aus, halten wir inne vor einer zur Rechten liegenden Grünfläche, versuchen, indem wir die schwarze Tafel ganz hinten an der Mauer lesen, zu begreifen: Dort lag einst der älteste, bis 1827 der einzige Jüdische Friedhof Berlins. Ihn haben die Nationalsozialisten

1943 zerstört, plattgemacht und damit 3.000 Grabsteine vernichtet. Nur Reste von Grabsteinen zeugen von der Vergangenheit, eine Grabplatte erinnert an den wohl berühmtesten Toten, der auf diesem Friedhof lag, den großen Philosophen, Aufklärer und Freund Lessings, „MOSES MENDELSSOHN geb. zu Dessau am 6. September 1729 · gest. zu Berlin am 4. Januar 1786".

Rechts von diesem Friedhof stand das Jüdische Altersheim, das die Judenverfolger ab 1942 zum Sammellager für die Deportation jüdischer Bürger machten – über 55.000 Menschen wurden von dort in die Konzentrationslager von Auschwitz und Theresienstadt gebracht. Wir gehen vorbei an jenem so traurigen wie berührenden Ort, betrachten das 1985 erbaute, an Deportation mahnende Denkmal von Will und Mark Lammert und treffen auf ein Gebäude, das offensichtlich Anfang dieses Jahrhunderts errichtet wurde, erkennbar eine Schule – die steinerne Inschrift über dem Portal klärt uns auf: KNABENSCHULE DER JÜDISCHEN GEMEINDE. Man hat mir berichtet, daß während der Nazizeit diese eingehauene Inschrift mit einem Brett zugedeckt und deshalb von der Zerstörung verschont wurde. Ein Versuch, das Gebäude zu betreten, wird scheitern: ein „Bodyguard" erklärt: Hier können Sie nur mit telefonischer Voranmeldung eintreten. Nichts ist, wie es einmal war! Welch eine Vorstellung: die lärmenden, lachenden Knaben in der Schulpause, die Ruhe des Friedhofs und die Beschaulichkeit eines Altersheims! Mit diesem Gedanken gehen wir weiter in Richtung Sophienstraße und treffen auf die evangelische Sophienkirche, einst Pfarrkirche für die Bewohner der Spandauer Vorstadt, eine Stiftung der Königin Sophie-Luise, mit dem einzigen erhaltenen Barock-Kirchturm der Stadt. Dazwischen das kleine Goethe-Antiquariat, verführt zum Suchen nach Texten aus vergangenen Tagen. Schräg gegenüber das katholische St. Hedwigs-Krankenhaus, ein neugotischer Bau aus der Mitte des vorigen Jahrhunderts. Heute bietet er wieder Kranken Behandlung und Heilung. Es ist längst geschriebene Geschichte und gehört in das schmale Kapitel des leisen Widerstandes in der Berliner Bevölkerung, daß gerade das St. Hedwigs-Krankenhaus vielen verfolgten Juden Unterschlupf und Hilfe geboten hat. Unfaßbar, daß ausgerechnet Propagandaminister Joseph Goebbels sich 1943 in diesem Krankenhaus, einen Steinwurf weit entfernt vom schrecklichsten, von ihm selbst veranlaßten und betriebenen Mordgeschehen, gegen Nierensteine behandeln ließ. Jüdisch das Altersheim, der Friedhof und die Knabenschule, evangelisch die Kirche, katholisch das Krankenhaus, alles Nachbarn auf engstem Raume. Kein Wunder, daß die Berliner diese Straße schon früh als ‚Toleranzstraße' bezeichnet haben.

Nachdem wir die Orte besichtigt, die Tafeln gelesen, Gedanken ausgetauscht haben, gehen wir zurück zur Großen Hamburger Straße 15/16: Zwischen zwei Kneipen, die eine noch aus alten DDR-Zeiten, durch ein weißes Gartentor gelangen wir auf den dahinter liegenden Hof: Dort „finden" wir das „Missing House" – finden also ein nicht (mehr) vorhandenes Haus. Christian Boltanski, der große französische Meister der Erinnerung des Verschollenen, der subtile Künstler der Spurensicherung, hat diesen Ort im Rahmen des Ausstellungsvorhabens ENDLICHKEIT DER FREIHEIT entdeckt und ihn zum Objekt seines Suchens und Findens gemacht. Eine Bombe hat am 3. Februar 1945 dieses Haus zerstört, links und rechts begrenzen die Brandwände die Lücke, umreißen also das „Missing House", das fehlende Haus. Wer hat dort gewohnt? Boltanski ist dieser Frage nachgegangen und gibt schlichte Antwort: An den beiden Brandwänden sind dort, wo einst Wohnungen gewesen sein mögen, Schilder angebracht mit nur drei Informationen: Name, Beruf und Jahr des Auszugs. Beim Lesen dieser Tafeln wird das Tote lebendig, entsteht in unseren Köpfen das verschwundene, weggebombte Haus. Der Betrachter sucht und baut sich sein Bild von diesem Hause: D. Poznaski 1938 bis 1943. Ob ihn die Nazis nur über die Straße in den Tod getrieben haben? Der Schildermaler J. Prochaska hat 1941 das Haus verlassen: Ist er umgezogen, konnte er – mußte er? – das Land verlassen? Der Feldwebel Hörchner, der Amtsrat Jordan und der Wagenführer Jaroszweski – alle bis „1945": Haben sie in der Bombennacht im Hause gewohnt und sind umgekommen oder konnten sie sich retten? Leben sie noch? Und in der Dachkammer ganz oben an der linken Wand die Klavierlehrerin

T. Gaworzewska: Sehen wir nicht das kleine Mädchen mit der Notenmappe all die vielen Stufen hinauftapsen, mit schlechtem Gewissen, weil es nicht gründlich genug geübt hat? Wie sollen wir uns den Hilfspolizisten W. Paschke vorstellen. der nur zwei Jahre (1940/41) in diesem Hause gewohnt hat? Als Zuarbeiter der Gestapo? Als Helfer der Verfolgten? 20 Namen, die Assoziationen auslösen, Geschichten entstehen und damit das „Missing House“ in unseren Köpfen und Herzen lebendig werden lassen.

Mit diesen halbfertigen Geschichten im Kopf gehen wir zurück in die Rosenstraße, an jenen Ort, an dem sich (leider) Beispielloses, nie Wiederholtes abgespielt hat: Als im März 1943 auch sogenannte arisch Versippte – das waren mit einem nichtjüdischen Ehepartner verheiratete Juden – deportiert wurden und diese Menschen in der Rosenstraße und im Altersheim in der Großen Hamburger Straße zum Zwecke des Transportes ‚in den Osten' eingesperrt waren, protestieren deren Ehefrauen tagelang. Hunderte von Frauen versammelten sich in der Rosen- und in der Großen Hamburger Straße. Diesem Druck der Straße gibt Goebbels nach: Am 6. März 1943 werden die schon festgenommenen und somit zum Tode „Verurteilten“ ihren Familien zurückgegeben. Hier hat Ingeborg Hunzinger diesen großen Frauen ein würdiges Denkmal gemeißelt, in Auftrag gegeben vom Magistrat in Ost-Berlin vor dem Fall der Mauer, eingeweiht 1995. In der Großen Hamburger Straße die Zeichen der Zerstörung jüdischen Lebens, daneben in der Rosenstraße das Denkmal für die Mutigen des Widerstandes.

Die Große Hamburger Straße: ein „Lieblingsplatz“, obwohl er so viele Zeichen von Unrecht birgt? Ein Lieblingsplatz! Fast natürlich erinnert er an eine glanzvolle Zeit jüdischen Lebens in Berlin genauso wie an dessen Vernichtung, erinnert an Mut und Widerstand (und daran, wie wenig er sich im ‚Dritten Reich' formuliert hat), an gelebte Toleranz und an deren Zerstörung. Das alles spiegelt sich matt und verzerrt wider im „Missing House“, in der Beschwörung der Toten, der Verfolgten und Verfolger, der Ausgebombten und Deportierten – und mahnt die Nachgeborenen.

Große Hamburger Straße, Mitte, S Hackescher Markt, Rosenthaler Sraße

Grunewald | Die Einsamkeit des Langstreckenläufers

SVETISLAV PĚSIĆ

Ich fühle mich sehr wohl in Berlin, und manchmal habe ich den Eindruck, daß ich im Mittelpunkt der Welt lebe. In keiner anderen Stadt, die ich kenne, sind so viele Nationen vertreten, gibt es so viele verschiedene Kulturen und so viele Möglichkeiten. Ich bin ein intensiv lebender Mensch, und Berlin paßt zu meiner Mentalität. Berlin pulsiert von früh morgens bis spät in die Nacht, und ich freue mich, die Intensität und Bewegung dieser Stadt täglich miterleben zu können.

In all seiner Vielseitigkeit wäre Berlin nicht Berlin, wenn es nicht auch eine Oase der Ruhe wie den Grunewald gäbe. Dort fühle ich am besten, wenn ich ganz alleine laufen oder spazieren gehen kann. Ein- bis zweimal in der Woche trifft sich die Mannschaft von ALBA Berlin am Fuße des Teufelsberges, um für gut eine Stunde die Hektik der Stadt hinter sich zu lassen und etwas für die Kondition zu tun. In der Vorbereitung und am Anfang der Saison wird besonders viel gelaufen, aber auch im Winter trainieren wir regelmäßig im Freien.

Wenn die Spieler sich in verschiedenen Gruppen aufmachen, durch den Wald zu laufen, bleibe ich ganz für mich alleine. Ich habe meine eigene Runde. Ein schmaler, sandiger Pfad führt zunächst ein wenig bergab durch einen Nadelwald, steigt dann wieder an und erreicht eine Lichtung. Dahinter beginnt der schönste Teil des Weges. Die Bäume stehen nicht ganz so dicht, so daß man leicht zwischen ihnen hindurchschauen kann. Links, wo der Boden immer feucht, teils sumpfig ist, sieht man die weißen Stämme der Birken; ein kleines Stück weiter, bei der großen Eiche, muß man sich im Sommer vor Hornissen in Acht nehmen. Abwechslungsreich wie Berlin selbst ist auch der Grunewald. Auf mehreren Kilometern Laufstrecke ergeben sich nach jeder Biegung des Weges neue Ansichten.

Gelegentlich begegnet man einem anderen Jogger oder einer Mutter mit Kinderwagen, aber die meiste Zeit ist man allein. Mitten in Berlin, nur wenige Minuten von der lärmenden Stadtmitte entfernt, genieße ich die Ruhe und den Frieden des Waldes. Beim Laufen verliere ich den Ärger über die Probleme und Niederlagen des Alltags, und ich bekomme neue Kraft und neue Ideen für die nächsten Aufgaben. Für eine Stunde stört mich kein Telefon, kein Streit, gar nichts.

Am schönsten ist es im Winter, wenn frischer Schnee liegt. Im Grunewald scheint es immer ein paar Grad kälter zu sein als im Rest der Stadt, und so taut die weiße Pracht nicht ganz so schnell wieder ab. Es ist besonders ruhig, weil der Schnee den Schall dämpft und einem fast keine Spaziergänger mehr begegnen. Ich höre nichts außer dem Knirschen der Schritte im Schnee und meinen eigenen Atem in der eiskalten Luft. In diesem Moment freue ich mich besonders, daß ich in Berlin lebe, dieser Stadt, die für mich zu einer zweiten Heimat geworden ist.

Zwischen Heerstraße, Havelchaussee, Am Schlachtensee und Koenigsallee, Wilmersdorf, Zehlendorf, S Grunewald

Gutshaus und Park Neu-Kladow | Verfallene Idylle am Havel-Ufer

VOLKER OESTERREICH

Verfall und Idylle vermischen sich im Dämmerlicht. Drüben, vor Schwanenwerder, blinkt das grüne Leuchtfeuer beharrlich, weiter rechts tut's ihm der hochstrebende Fernmeldeturm auf dem Schäferberg nach. Die letzte BVG-Fähre nach Wannsee ist längst weggedieselt. Kein Lastkahn, kaum Segler. Nur ein einsamer Jogger keucht unterhalb des Gutsparks Neu-Kladow heimwärts – dorthin, wo sich das Havel-Ufer für gut einen Kilometer verlaubenpiepert.

Doch still ruht der Park. Das alte, von David Gilly erbaute Gutshaus liegt verlassen da. Vernagelte Fensterläden, bröckelnder Putz. An der Fassade verrät eine Tafel, daß in diesem Hause „Wilhelmine Luise Mencken, die Mutter Bismarcks, in den Jahren 1800-1806“ wohnte. Etwas unterhalb des klassizistischen Herrenhauses ein Trakt trostloser Wehrmachtsbaracken, die noch bis 1995 von der Arbeiterwohlfahrt genutzt wurden: zwecks Müttergenesung und Senioren-Rekonvaleszens. In ihnen waren einmal Mitglieder der Legion Condor stationiert, jener Fliegerstaffel, die 1937 Guernica zerbombte, wogegen Picasso mit seinem gleichnamigen Monumentalgemälde aufbegehrte.

Die Baracken sollen nach den Plänen einiger Kommunalpolitiker und Investoren einer luxuriösen Wohnbebauung weichen – zum Ärger der Kladower und Gatower, die den Park mit seinem uralten Baumbestand am liebsten wieder in jenem Zustand sehen würden, in den ihn Johannes Guthmann, Sohn des Rüdersdorfer Zement-Magnaten Robert Guthmann, zwischen 1909 und 1921 versetzte, unterstützt dabei von dem Architekten Paul Schultze-Naumburg und dem Gartengestalter Karl Förster, an dessen Kunst heute nur noch Max Slevogts 1912 geschaffener „Blumengarten in Neukladow“ (heute im Besitz des Westfälischen Landesmuseums, Münster) erinnert.

Guthmann jr. erhob das Anwesen zum Musenhof. Im Elsengrund, einem versiegten Havelarm, der den Gutspark durchzieht, entstand ein Naturtheater, bei dessen Planung auch Max Reinhardt soufflierte. Gerhart Hauptmann kam zu Gesellschaften vorbei, desgleichen Max Liebermann, Walter Rathenau und immer wieder Max Slevogt, der für den Hausherren einen Gartenpavillon mit Fresken ausmalte. Als Johannes Guthmann Neu-Kladow verließ, schenkte er Slevogts Arbeit der Nationalgalerie, die damals das Kronprinzenpalais ‚bespielte'. Dort wurde sie ein Raub der Flammen, als die Bomben auf Berlin fielen. Der stumme Schrei von „Guernica“ konnte es nicht verhindern.

Kladower Damm (Neukladower Allee), Spandau, Busse 134, X 34, 697

Hamburger Bahnhof | Im Zug der zeitgenössischen Kunst

Mitte des 19. Jahrhunderts fuhren von hier die Züge gen Norden, genauer nach Hamburg. Seit über100 Jahren fährt allerdings keine Eisenbahn mehr, Ankunft und Abfahrt verflüchtigten sich im zeitlosen Leerstand, temporären Nutzungen und wieder in Funktionslosigkeit. Keiner hatte mehr eine rechte Verwendung für diesen schönen Bahnhof ohne Gleise und Züge. Zu Mauerzeiten fuhren endlose Autokolonnen achtlos an dem toten Bahnhof Richtung Grenzübergang Invalidenstraße vorbei – nicht ahnend, daß von hier aus einmal zeitgenössische Kunst an wieder zentralem Ort leuchten würde. Bahnhof und Museum sind Institutionen des 19. Jahrhunderts, Schauplätze temporärer Wahrnehmung, Sammelpunkte von Menschen und Bildern. Philosophisch-imaginativ gesehen, gehören sie zusammen, praktisch umgesetzt, funktioniert es auch.

Der Hamburger Bahnhof – ein magisches Gesamtkunstwerk

Der 1996 schließlich neueröffnete Hamburger Bahnhof beherbergt nach seinem Umbau durch den Architekten Josef Paul Kleihues auf ca. 10.000 Quadratmetern Ausstellungsfläche eine Kollektion bedeutender Werke der zeitgenössischen Bildenden Kunst. Innerhalb der Staatlichen Museen nimmt das zur Nationalgalerie gehörende Museum eine Sonderstellung ein: Das Haus an der Invalidenstraße vereinigt die Bestände zeitgenössischer Kunst der Staatlichen Museen, v.a. die der Nationalgalerie, mit den Exponaten des Kunstsammlers Erich Marx. Durch dieses Zusammentreffen zweier unterschiedlicher Konzepte kann ein breites Spektrum der Gegenwartskunst präsentiert werden.

Die vier wichtigsten Künstler der etwa 180 Werke umfassenden Sammlung sind Joseph Beuys, Robert Rauschenberg, Cy Twombly und Andy Warhol. Das integrative Konzept des Hamburger Bahnhofs hebt die Trennung zwischen den Kunstgattungen auf. So stehen neben den klassischen Genres Malerei, Skulptur und Grafik gleichberechtigt Rauminstallationen, Enviroments, Fotografien, Industrial Design sowie Video- und Lichtkunst.

1847 nach Plänen von Friedrich Neuhaus erbaut, wurde der ehemalige Kopfbahnhof bereits 40 Jahre nach seiner Eröffnung stillgelegt. 1906 wurde das spätklassizistische Gebäude als Museum für Verkehr und Technik eingeweiht. Nach diversen Umbauten und Beschädigungen nutzte man den Hamburger Bahnhof nach dem Zweiten Weltkrieg als Wohnheim, als Verkehrs- und Baumuseum und nach rund 20 Jahren Leerstand schließlich als Dependance der neuen Nationalgalerie.

Mit seinem doppelten Bogenportal, seiner markanten Pfeilerarkade zwischen zwei Türmen im Stil der italienischen Renaissance und seinem Ehrenhof stellt der Hamburger Bahnhof eine reizvolle und repräsentative Kulisse für das heutige, anspruchsvolle Kunstkonzept dar. Im Rahmen des letzten Umbaus 1990 bis 1995 wurde der Gebäudekomplex um eine 80 Meter lange Ostgalerie erweitert, der Bau einer Westgalerie ist geplant.

Insbesondere bei Nacht wird das Museum zu einem magischen Ort: Die an den Pfeilerarkaden angebrachten Neoninstallationen von Dan Flavin tauchen die Hauptfassade und den davorliegenden Ehrenhof in ein blaues und grünes Licht. Um zu dieser Zeit vom Auto aus Unfälle zu vermeiden, sollte man sein Gefährt einfach abstellen und sich ganz dem illuminierten Museumsbau hingeben.

Invalidenstraße 50/51, Mitte, S Lehrter Stadtbahnhof

Havelchaussee | In der Zeitlupenwelt der Seen

Daß man sich hier etwas außerhalb der Stadt und beinahe schon in einer anderen Welt befindet, ist bereits daran zu erkennen, daß die Autos nur 30 Stundenkilometer fahren dürfen. Die Havelchaussee, die von Stresow im Süden Spandaus bis hinunter zum Schlachtensee führt, verläuft im harmonischen Wechsel von langen Geraden und sanften Kurven mitten durch den Grunewald. Wer hier entlangfährt, sollte Zeit mitbringen, denn der Rhythmus, von dem die schmale, kaum zweispurige Straße getragen wird, ist ein anderer, langsamerer, behäbigerer, als etwa auf der belebten Heerstraße, über die man die Havelchaussee von Norden aus erreichen kann. Wer die Zufahrtsstraßen Am Postfenn oder den Schildhornweg hinter sich gelassen hat, tritt ein in die Welt der Seen, deren Schilfufer von Villen, Ruderclubs und Bootsverleihen gesäumt sind.

Radlerglück in Wassernähe: Die Havelchaussee

Bei einer Fahrt entlang der Havelchaussee nimmt man wahr, daß Berlin von Wasser umgeben ist. Verläuft die Straße etwas näher am Ufer, kann man – vor allem in den Sommermonaten – zahllose weiße Segelboote beim Kreuzen beobachten: Eine ungemein entspannende Perspektive, der man sich beim fahren allerdings nicht allzu ausgiebig hingeben sollte, da ansonsten leicht einer jener nicht von ungefähr buntbedressten Radfahrer oder Jogger übersehen werden kann, die die Havelchaussee zu Trainingszwecken nutzen.

Etwa in der Mitte der Havelchaussee bietet der Grunewaldturm einen herrlichen Ausblick über die märkischen Kieferngipfel. Doch auch die kleineren Inseln, die teilweise nur über eine Fähre zu erreichen sind, lohnen einen Besuch. Lindwerder beispielsweise, zwischen Lieper Bucht und Kleiner Steinlanke am Fuße des Grunewaldturms gelegen, verfügt über ein kleines Ausflugslokal mit Freiterasse, auf der man leicht die Zeit vergessen kann. Ein Klassiker für remembiöse Spaziergänge: das Schiffslokal „Alte Liebe".

Zwischen Ruhlebener Straße und Kronprinzessinnenweg, Spandau, Zehlendorf, S Nikolassee, Bus A 18

Herthasee etc. | Lob dem Tretboot

ARTUR BRAUNER

Ich wohne im Grunewald, direkt am Herthasee. Dieser mündet in drei weitere Seen, genannt Hubertussee, Dianasee und Koenigssee. Mit Hilfe meines Tretbootes (andere Kollegen bedienen sich ja eher ihrer Yachten ...) kann ich alle vier Seen befahren und bewundern, und ich muß meine Begeisterung über diesen zauberhaften Standort in Berlin kundtun!

Wenn man auf dem Koenigssee die Umgebung analysiert, hat man das Gefühl, daß man sich in den schönsten Gegenden Kanadas oder Australiens vor einhundert Jahren befindet. Man kann sich des Himmels, der Gewässer und Pflanzen erfreuen, ohne daß irgendwelche Bauten stören. Und letztere muß man ja nicht sehen!

Auf diesen romantischen Seen habe ich viele großartige Ideen für neue Projekte entwickeln können, und ich glaube, daß von den 62 Filmen, deren Stoffe ich erfunden und geschrieben habe, mindestens

15 ihren Ursprung einer Tretbootfahrt auf einem der oben genannten Seen zu verdanken haben.

Manchmal wurde ich gestört, weil plötzlich Nackedeien vor meinem Boot erschienen, die natürlich zu einer gewissen Dekonzentration beitrugen. Aber diese Zeit scheint vorbei zu sein, seitdem der „Wonderbra" in Mode kam. Wenn man etwas weiter hinausfährt, kann man sowohl schwimmen als auch angeln. Nachdem die Seen unermüdlich und kontinuierlich gereinigt werden, kann man die dort beheimateten Fische auch verspeisen.

Inspirationsquelle für Muße-Stunden: Der Dianasee

Als ich die Filme mit Peter Alexander drehte – und bekanntlich war er ein passionierter Angler, viel lieber als Schauspieler – war die Wasseroberfläche noch von Schmutz bedeckt, woraufhin Alexander zu mir sagte: „Ich verstehe nicht, wie die Berliner es zulassen, daß in einer so prachtvollen Gegend ein so schmutziges Gewässer existiert. Kommen Sie mit mir nach Wien, ich werde Ihnen die blaue Donau zeigen." Daraufhin sagte ich ihm, daß auch die blaue Donau schon längst nicht mehr blau und sauber wäre. Schade, daß ich ihn heute nicht mehr nach Berlin in den Grunewald lotsen kann ...

Koenigsallee, Wilmersdorf, S Grunewald

Humboldthain | Alpinismus am Trümmerberg

Hört man vom Wedding, so denkt man an Industrie und Proletariat, Klassenkampf, Hertha BSC, Mietskasernen, aber wohl kaum an einen schönen Park, an alpine Herausforderungen, Sonne, Luft und Freizeit. Aber: Berlin ist eine polyzentrische Metropole, die überall ihre Reize zu entfalten vermag. Wer herbe Kontraste liebt – und das sollte jeder in Berlin –, kommt an einer Exkursion ins Herz des Wedding, das um den Gesundbrunnen schlägt, nicht herum. Niemand lasse sich vom spezifischen Charme des Gesundbrunnen-Centers oder der Brunnenstraße abschrecken, wenn er dem ‚Central Park' des einst ‚Roten Wedding' entgegenstrebt.

Der Volkspark Humboldthain wurde zwischen 1869 und 1872 anläßlich des 100. Geburtstags Alexander von Humboldts angelegt. Zum Gedenken an den großen Berliner Naturforscher wurden seinerzeit neben einem Denkmal Gehölze verschiedener Kontinente gepflanzt, die der Namenspatron des Parks im Verlauf seines Lebens bereist hatte. Darüber hinaus stellte in der von Gartendirektor Gustav Meyer gestalteten Anlage eine „Geologische Wand" einen Querschnitt durch die Gesteine der Erdrinde dar. Der Humboldthain – nach dem 1848 eröffneten Volkspark Friedrichshain der zweite große Berliner Volkspark – war die erste Parkanlage, die auch eine Spielwiese umfaßte; im Winter diente dieses hippodromförmig angelegte Areal als Spritzeisbahn. Im Verlauf des Zweiten Weltkriegs wurde der Humboldthain vollständig zerstört, als man 1941 in dem Park zwei Hochbunker mit Flaktürmen errichtete, die dann im Zuge der Neugestaltung 1948 bis 1951 mit Trümmern eingeschüttet wurden. Die heutige Parkanlage besteht daher, ähnlich wie der Friedrichshain, im Wesentlichen aus zwei renaturierten Trümmerbergen. Auf der 85 Meter hohen „Humboldthöhe" – von hier aus bietet sich ein herrliches Berlin-Panorama –, wurde 1967 eine Metallskulptur von Arnold Schatz mit dem Titel „Wiedervereinigung" aufgestellt. Auf einer der freiliegenden, 15 Meter hohen Bunkerwände unterhalb der Aussichtsplattform können sich Stadtalpinisten im Klettern üben.

Neben solchen Erlebnisangeboten, zu denen im Winter auch die Rodelbahn auf dem südlichen Berg gehört, bietet der Humboldthain weite Liegewiesen mit locker verstreutem Baumbestand, einen idyllischen Rosengarten mit Laubengang sowie ein Sommerbad. An den Namenspatron erinnert seit 1952 eine Gedenkstele von Karl Wenke.

Zwischen Wiesenstraße, Gustav-Meyer-Allee, Brunnenstraße und Hochstraße, Wedding, S Humboldthain

Jüdischer Friedhof Weißensee | Nekropole unter den Friedhöfen in Deutschland

Das Berliner Judentum hat in Kultur, Wissenschaft und Wirtschaft die Entwicklung und den Aufstieg der Stadt seit dem späten 18. Jahrhundert nachhaltig mitbestimmt. Die jüdischen Friedhöfe sind – unabhängig von der nationalsozialistischen Barbarei – deshalb Kulturdenkmäler ersten Ranges. Der Friedhof Weißensee, einer der größten und eindrucksvollsten Grabplätze in Europa, ist für viele gleichsam die Großstadt, die Nekropole unter den Friedhöfen in Deutschland: Streng geometrisch zu Rechtecken, trapezförmigen und dreieckigen Flächen geordnet, scheint er ideales Gleichmaß und Übersichtlichkeit stiften zu wollen, wo ansonsten draußen nur Chaos herrscht. Weißensee, gewachsen aus bürgerlichem Selbstbewußtsein des Berliner Judentums, dokumentiert in seinen unaufwendigen Erb- und Familienbegräbnissen noch heute den zunehmend engen architektonischen Zusammenhang zwischen bürgerlicher Heimstatt und letzter Ruhestätte. Wer heute über das weitläufige Gelände geht, findet ganze Ahnenreihen des geistigen und gesellschaftlichen Lebens zwischen Gründerzeit und Weimarer Republik wieder: vom Familiengrab des

Berliner Bankiers Aschroth über den Philosophen Hermann Cohen, den Maler Lesser Ury bis zu den Verlegern Samuel Fischer, Rudolf Mosse und den Kaufhauskönig Hermann Tietz. Alle kunstgeschichtlichen Stile vom parvenuehaften Monumentalismus des Kaiserreichs bis zur Sachlichkeit der Bauhaus-Ära sind vertreten.

Um 1875 war die Mitgliederzahl der Jüdischen Gemeinde auf 65.000 angewachsen. Als sich die Vollbelegung des Friedhofs in der Schönhauser Allee abzeichnete, erwarb die Jüdische Gemeinde ein über 40 Hektar großes Gelände in Weißensee zur Errichtung einer neuen Begräbnisstätte.

Auf dem Friedhof befindet sich ein Rondell, das vom Haupteingang in der Herbert-Baum-Straße aus zu erreichen ist. In seiner Mitte wurde ein Stein zum Gedenken an die sechs Millionen Juden errichtet, die Opfer der nationalsozialistischen Verfolgung geworden sind. Auf den kreisförmig angeordneten Steinen sind die Namen aller großen Konzentrationslager eingemeißelt. Hinter dem Rondell befindet sich die 1880 von Hugo Licht errichtete alte Trauerhalle, deren Akustik schon zur Zeit ihrer Einweihung gerühmt wurde. Südlich der 1910 erbauten und 1944 zerstörten neuen Trauerhalle erstreckt sich ein Ehrenfeld für die im Ersten Weltkrieg gefallenen jüdischen Soldaten. In seinem Zentrum steht ein drei Meter hohes Denkmal aus Muschelkalkstein, das einen monumentalen Altar darstellt. Rechts vom Haupteingang, in einem Gräberfeld an der Nordecke des Friedhofs, befindet sich eine Beisetzungsstätte für etwa 90 während der Pogromnacht 1938 geschändete Thorarollen.

Stille Größe und eindrucksvolle Lebensnähe machen die Schönheit dieses Ortes aus, an dem es kein Vergessen geben kann.

Herbert-Baum-Straße 45, Weißensee, S Greifswalder Straße

Karl-Marx-Allee | Moskau in Berlin

Ernstzunehmende Urbanisten pflegten nicht selten zu behaupten, daß Berlin nur einen wirklichen Boulevard besitze: die Karl-Marx-Allee. Ausgerechnet diese, nach der SED-Propaganda „erste sozialistische Straße in Deutschland“, sollte einen Status beanspruchen, der gemeinhin einzig Unter den Linden, dem Kurfürstendamm und – mit Einschränkungen – der Friedrichstraße zusteht? Eine letztgültige Antwort scheint müßig oder gar unsinnig, zumal der lange von Baufälligkeit und urbaner Entfunktionalisierung (Verlust wichtiger Gewerbe, Läden, Cafés, Geschäfte nach der Wende) geprägte Straßenzug bis zu seiner Sanierung ein unzureichendes Bild dieser in zwei Bauabschnitten errichteten, sich über 2,5 Kilometer erstreckenden Magistrale vom Alexanderplatz über den Strausberger Platz bis zum Frankfurter Tor vermittelte. „Kontinuität trotz politischer Umwälzung“ lautete die Devise bei der jüngsten Instandsetzung, die aus maroden Gebäuden solche mit heutigem Standard gemacht hat.

Massenwohnungsbau, eine Stadt in der Stadt: Das Projekt Stalinallee (so hieß die Karl-Marx-Allee von 1949 bis 1961) brachte den Berlinern ein beeindruckendes Stück sowjetischer Städtebaukunst. Was das Auge des Flaneurs hier assoziiert, sind Moskauer Prachtstraßen, die Gorkistraße etwa, aber auch die großen, keramikverkleideten Moskauer Wohnbauten der fünfziger Jahre. Historismus, Romantik, Eklektiszismus: von jedem etwas, und sogar ein bißchen München, die Ludwig- oder Maximilianstraße mag einem in den Sinn kommen.

In seinem imposanten Binnenraum (Häuserzeilen, Breite des Straßen- und Flanierraums) kann sich kaum einer der Faszination besonders des ersten Bauabschnitts (ab 1952) entziehen. Unter der Gesamtleitung des DDR-Stararchitekten und Bauhaus-Schülers Hermann Henselmann entstanden 100 bis 300 Meter lange, sieben- bis neungeschossige Wohnblocks im stalinistischen Zuckerbäckerstil, die auch heute noch in ihrer inneren Funktionalität und Großzügigkeit beeindrucken. Dachgärten, breite Terrassen, Markisen, Flaniermeilen mit Bänken, die mit ihren grünen Kuppeln dem Deutschen und Französischen Dom nachempfundenen Turmhochhäuser verleihen der Karl-Marx-Allee ein einzigartiges Flair, das neben Moskau einen Hauch romanischer Leichtigkeit nach Berlin-Mitte bringt. Besonders entschiedene West-Menschen sollten sich zu Fuß Zeit für die spezifischen Reize nehmen, denn einen solchen Boulevard haben sie bestimmt noch nie zwischen Paris und New York gesehen. Und der Kurfürstendamm kann warten ...

Karl-Marx-Allee, Mitte/Friedrichshain, U Strausberger Platz, Weberwiese

Klein-Glienicke | Garten Eden am Jungfernsee

Kleine und große Paradiese gibt es zahlreiche in Berlin – Preußisch-Arkadien existiert nur einmal. In Glienicke verschmelzen Potsdam und Berlin zu einer grandiosen Kulturlandschaft voller Schlösser, Parks, wohl komponierter (nur zum Teil noch erlebbarer) Blickachsen, Brücken, Inseln, Plastiken und Gebäuden aller Art zu einem grandiosen Ensemble inmitten der seenartig sich verbreiternden Havel. Hier findet jeder seinen Lieblingsplatz, seinen geheimen schönsten Blick, sein geheimes Refugium zum interesselosen Wohlgefallen. Eine prosaische kulturgeschichtliche Bestandsaufnahme kann nur eine erste Annäherung sein:

Schloß und Park Klein-Glienicke unmittelbar am Jungfernsee und der Glienicker Brücke sind Teil der Potsdamer-Berliner-Kulturlandschaft, zu der auch die nahegelegene Pfaueninsel und die Schloßanlagen in Potsdam und Babelsberg gehören. Nach Abriß der Sperranlagen infolge der deutschen Vereinigung konnte ab 1990 das geschlossene

Gesamtbild dieses kulturhistorisch einzigartigen Komplexes wiederhergestellt werden. Das 116 Hektar große Gelände, aufgrund seiner Abgeschlossenheit von dem Berliner Journalisten Ludwig Sternaux mit dem Garten Eden verglichen, steht seit 1982 unter Denkmalschutz.

Ursprünglich zum Gebiet des kurfürstlichen Schlosses gehörig, ging das Areal ab 1738 in wechselnden Privatbesitz über. Für den Hofrat Mirow wurde 1753 ein Landhaus mit Wirtschaftstrakten errichtet, das den Kern des 1825-28 von Karl Friedrich Schinkel geplanten Schlosses bildet. Bereits 1816 beauftragte der damalige Besitzer, Staatskanzler Fürst Karl August von Hardenberg, den jungen Peter Joseph Lenné mit der Neugestaltung des Gartens zwischen Landhaus und Glienicker Brücke.

Das von Schinkel, ab 1844 von Persius umgestaltete, als flacher Block auf einer Anhöhe liegende Schloß ist eine dreiflügelige Anlage in sparsamen klassizistischen Formen. Durch seine Fenstertüren im Obergeschoß, vereinzelten Balkone, Jalousien und Sonnensegel erhält das Gebäude einen ländlich-offenen Charakter, der auf den ersten Blick an einen italienischen Landsitz erinnert. Das flache Dach ist hinter einer Attika mit Vasen und Figuren verborgen. Von der Königstraße aus gesehen ist dieser Fassade die 1837 nach dem Vorbild der Villa Medici in Rom entstandene Löwenfontäne Schinkels vorgelagert.

Wer sich die Qual der Wahl für den ‚richtigen' Ort oder lange Rundgänge in ‚Preußens Arkadien' ersparen will, sollte die ‚goldene Mitte' wählen, das heißt: entweder die Blicke von der legendären Glienicker Brücke (hier wurden die spektakulären Ost-West-Agentenaustäusche zu Zeiten der Teilung vorgenommen) in alle Himmelsrichtungen schweifen lassen oder vom Wasser her, im Boot in aller Ruhe die mannigfaltigen Schönheiten genießen. Es lohnt immer ...

Königstraße 36, Zehlendorf, S Wannsee, Bus 116

Kleistgrab am Kleinen Wannsee | „Nun, oh Unsterblichkeit ...“

Das Grab jenes unglücklichen deutschen Dichters, dem „auf Erden nicht zu helfen“ war, liegt in einer schmalen Schneise zwischen zwei Bootsclubhäusern am Südufer des Kleinen Wannsees. Der Zugang zu dem abfälligen Grundstück befindet sich in der Bismarckstraße 3, und wüßte man nicht, was einen hinter dem schlichten Holzzaun erwartet, würde man vermutlich achtlos an einem der berühmtesten Dichtergrabstätten Berlins vorübergehen.

Der Kleine Wannsee: Kulisse für Kleists letzte Ruhestätte

Das Kleistgrab steht etwa an der Stelle, wo der 1777 in Frankfurt an der Oder geborene Heinrich von Kleist gemeinsam mit seiner damaligen Lebensgefährtin Henriette Vogel am 21. November 1811 Selbstmord begangen hat. Der schlichte, 1936 erneuerte Grabstein trägt als Inschrift einen Vers aus dem Drama „Prinz Friedrich von Homburg“ – „Nun, oh Unsterblichkeit, bist du ganz mein“. Immer wieder wurde in der Vergangenheit moniert, daß im Gegensatz zum Autor des „Amphytrion“, des „Zerbrochenen Krugs“, des „Käthchens von Heilbronn“ und des „Michael Kohlhaas“ jeder Hinweis auf Henriette Vogel fehlt; ein Umstand, dem seitens engagierter Literaturfreunde (und -freundinnen) durch das Aufstellen kleiner Holz- oder Papptafeln zumindest provisorisch abgeholfen werden konnte.

Topographisch bemerkenswert ist die Lage des Grabes vor allem deshalb, weil das von Kleist und seiner Gefährtin wohl bewußt gewählte Terrain vage an ein Amphitheater erinnert, von dem aus die Hauptverbindungsstraße zwischen Potsdam und dem Berliner Stadtschloß der Hohenzollern aus gemessener Distanz zu überblicken war. Findige Interpreten haben aus dieser szenisch-theatralischen Blickachse die These abgeleitet, der ‚Schauplatz' des Freitodes sei als geradezu idealtypische Entsprechung jenes gespannten Verhältnisses zu verstehen, das der empfindsame Dichter gegenüber dem Staat und seinen Instanzen unterhielt. Gleichgültig, ob man sich solchen Überlegungen anschließen mag oder nicht: Das Kleistgrab ist in jedem Fall ein kontemplativer Ort, der ein wenig abseits der Welt Gelegenheit zur Besinnung bietet.

Bismarckstraße, Zehlendorf, S Wannsee

Klosterstraße und Klosterkirche | Alt-Berlin im Schatten des Fernsehturms

Die Klosterstraße ist ein stiller, unscheinbarer Straßenzug im Schatten des Fernsehturms am Alexanderplatz, der bei näherer Betrachtung allerdings einiges zu bieten hat. Ein Ort der Ruhe und der Kontemplation ist die Ruine der ehemaligen Kirche des Franziskaner-Ordens „Graues Kloster", das in seiner heutigen Erscheinung an die Zerstörungen des Zweiten Weltkriegs erinnert und zugleich für die Suche nach neuen Nutzungsformen sakraler Bauten einsteht. Bis zu ihrer Bombardierung zählten die Kirche, das angrenzende Kloster sowie das 1574 gegründete Gymnasium zu den ältesten Gebäudekomplexen der Stadt. Das Hauptschiff, dessen offener Innenraum heute als Ausstellungsfläche für Großplastiken genutzt wird, galt als bedeutendstes gotisches Gebäude Berlins.

Nur wenige Meter entfernt, steht mit dem Kulturzentrum Podewil ein architektonisch interessantes Beispiel eines barocken Stadtpalais.

Das dreigeschossige Gebäude wurde 1701 bis 1704 nach Plänen Jean de Bodts für den preußischen Hofrat Rademacher errichtet. 1732 ließ Graf Podewils das Innere des Putzbaus mit aufwendigen Stuckdecken und Wandgemälden ausstatten. Nach schwerer Beschädigung im Zweiten Weltkrieg und Rekonstruktion 1952 bis 1954 übergab der Ost-Berliner Senat das „Podewils'sche Palais" der DDR-Jugendorganisation Freie Deutsche Jugend, unter deren Federführung es von 1970 bis zu seiner Abwicklung 1991 als „Haus der jungen Talente" weitergeführt wurde. Heute ist das Podewil ein wichtiges Zentrum für zeitgenössische und experimentelle Kunstformen.

Die Parochialkirche gleich nebenan wurde zwischen 1695 und 1703 nach Plänen Johann Arnold Nerings erbaut. Nachdem das Gebäude, das im Mai 1944 einer Brandbombe zum Opfer fiel und bis heute im Grunde eine überdachte Ruine geblieben ist, 1953 notdürftig wieder hergerichtet wurde, nutzte man es ab 1970 als Möbellager. Seit 1991 Veranstaltungen des Podewil in den Kirchenräumen stattfanden, wurde das Spektrum der kulturellen Nutzung stetig erweitert – etwa durch die Errichtung von Klangskulpturen. 1999 eröffnete man die Kellergewölbe als Museum für Sepulkralkultur. Einen Steinwurf entfernt liegt das Alt-Berliner Wirtshaus „Zur letzten Instanz", eine verrauchte, aber gemütliche Schänke mit kleinem Biergarten und origineller Karte.

Für Liebhaber der Malerei sei noch angemerkt, daß einer der bedeutendsten Berliner Künstler des 20. Jahrhunderts, Werner Heldt, hier aufgewachsen ist und viele seiner ebenso eigenartigen wie einzigartigen Berlin-Bilder die Atmosphäre dieses Quartiers widerspiegeln. Werner Heldts Berlin kommt ohne vordergründige anekdotische Reize aus, weil seine Arbeiten das Wesen der großen Stadt einzufangen wissen: ihre Kirchtürme, Brandmauern, ihre auf Sand und Wasser gegründete wechselvolle Geschichte. In der Klosterstraße mit der Parochialkirche, in der sein Vater Pfarrer war, hat er diese Imaginationskraft geschult ...

Zwischen Stralauer Straße und Grunerstraße, Mitte, U Klosterstraße

Kochstraße 50 | „Nach meiner Kenntnis unverzüglich …“

WOLF WEGENER

Berlin, wo es am schönsten ist? Da fallen mir spontan einige Orte ein, die ich immer gerne ansteuere, weil sie entweder attraktiv sind, etwas für die Seele bieten oder beides in sich vereinen. Ich denke da zum Beispiel an die ländliche Idylle rund um die Havel, an den Müggelsee, an's Brandenburger Tor und an den Gendarmenmarkt.

Springer-Haus, Kochstraße: Historische Momente im Zeitungsviertel

Mein absoluter Lieblingsplatz ist aber die Kochstraße 50, genauer gesagt die 19. Etage des Springer-Hochhauses. Der „Journalistenclub“, vom unvergessenen Axel Cäsar Springer detailgetreu im Times-Interieur gestaltet, war für mich immer ein anregender Ort für gute Gespräche in angenehmem Ambiente. Der Blick über die trennende Mauer hinweg war von Axel Springer intendiert.

Den endgültigen Ausschlag zugunsten meines Lieblingsplatzes gab der 9. November 1989. Als Gast des Empfangs im Anschluß an die Verleihung des „Goldenen Lenkrades“ stand ich abends in einer Gesprächsrunde u.a. mit dem damaligen Springer-Vorstandsvorsitzenden Peter Tamm zusammen. Wie später publik wurde, hatte der DDR-Ministerrat eine Reiseregelung beschlossen, die am 10. November in Kraft treten sollte. In der historischen Erklärung vor der internationalen Presse sagte aber um 18 Uhr 53 Günter Schabowski: „Wenn ich richtig informiert bin, nach meiner Kenntnis unverzüglich.“

Mit dieser Nachricht platzte Bruno Waltert, seinerzeit Chefredakteur der Berliner Morgenpost, in unsere Runde. Keiner wollte es glauben, ein Blick von oben gen Osten zeigte zunächst die gewohnte

Totenstille. Aber nur wenige Minuten später ging der Sturm auf die widernatürliche Grenze los: Die Trabbis nahmen – zu unserer aller unverhofften Freude – ihre Fahrt auf gen West-Berlin.

Kochstraße 50, Kreuzberg, U Kochstraße

Körnerpark | Sanssouci im Kiez

Ein Hauch von Sanssouci findet sich selbst in der Bronx von Berlin. Bemerkenswert ist der Körnerpark u.a. deshalb, weil in dieser Umgebung – mitten im Neuköllner Kiez – wohl niemand mit einem solchen gartenbaulichen Schmuckstück rechnen würde. Auf gerade einmal zwei Hektar Grundfläche entfaltet sich ein ungewöhnlicher neobarocker „Architekturpark", dessen Zentrum eine von Kanälen und Platanen gesäumte Rasenfläche bildet. Der Zugang zur Anlage erschließt sich von der Ilsestraße aus über breite Treppen, die zur ehemaligen Orangerie des Körnerparks führen. Hier sind heute die Galerie im Körnerpark sowie ein Café untergebracht.

Der Name der zwischen 1912 und 1916 auf dem Gelände einer ehemaligen Kiesgrube angelegten Parkanlage geht auf den früheren Besitzer, Franz Körner, zurück, der sein von Hans Richard Kullenberg gestaltetes Grundstück der damals noch selbständigen Stadt Neukölln übereignete. In der Nachkriegszeit zusehends verwahrlost, wurde der Körnerpark erst 1980 bis 1983 nach historischem Vorbild rekonstruiert und 1984 unter Denkmalschutz gestellt.

Der eigentliche Park liegt unterhalb des Straßenniveaus und ist von hohen Blendarkaden und Stützmauern umgeben. Spektatorischer Höhepunkt ist eine Kaskade auf der Ostseite des Parks, bei der das Wasser aus neun Fontänen in die abgestuften Becken rauscht. Der Körnerpark beweist: traue keinem noch so schlechten Image ohne eigene Anschauung.

Zwischen Jonasstraße, Wittmannsdorfer und Schierker Straße, Neukölln, S Neukölln, U Leinestraße

Kollwitzplatz | Der Montmartre von Berlin

ROLF EDEN

Im Herzen des Prenzlauer Bergs, zwischen Prenzlauer- und Schönhauser Allee gelegen, gibt es ein Stück Berlin mit dem ganz eigenen Charme einer Mischung aus Gründerzeit und neuem Millennium zu entdecken: den Kollwitzplatz. Um die Atmosphäre und den Pulsschlag des dortigen Lebens spüren und bewußt aufnehmen zu können, setzt man sich am besten in eines der vielen Cafés. An schönen lauen Sommerabenden wird man Mühe haben, einen freien Platz zu finden, denn das eigentliche Leben beginnt hier erst ab 18 Uhr. Dafür gibt es auch eine einleuchtende Erklärung: Die Bewohner des Platzes sind vor allem Künstler, Musiker, Designer, Schriftsteller, Studenten – Kreative eben. Und Kreativität soll man nicht durch zu frühes Aufstehen in ihrer Entfaltung behindern.

Ort mit kreativer „Atmo“: Der Kollwitzplatz

Schaut man beim Nachbarn im Café etwas genauer hin, so wird man dem einen oder anderen Schreibenden oder Skizzierenden über die Schulter schauen können. Dann muß ich freilich immer an einen meiner Lieblingsplätze in Paris denken: Montmartre – Treffpunkt der Kreativen von Paris. Erfreulicherweise ist der Kollwitzplatz immer noch eher ein Geheimtip. Touristenlawinen wie in Montmartre sind vorerst nicht zu befürchten. Beschaulichkeit ist an der Tagesordnung. Kein Kunsthandel auf der Straße, stattdessen sind intellektuelle Gespräche, Inspiration und Sammlung angesagt. Die Produktion der Kreativen passiert am Prenzlauer Berg dann eher im Stillen, sehr individuell, in den vielen Ateliers und Studios rund um den Platz. Wer Entdeckungsfreude besitzt, wird fündig werden, soviel sei versprochen.

Doch zurück zu den Orten der Inspiration: den Cafés und Restaurants. Als Freund französischer Lebenskultur muß ich unbedingt den „Gugelhof“ empfehlen. Hier bekommt man elsässische und französische Spezialitäten. Besonders zu empfehlen ist die französische Maispoularde und als Nachtisch selbstverständlich einen Gugelhupf.

Eine weitere Ess- und Lifestyle-Kultur, die sich bereits seit Jahrhunderten von der französischen befruchten läßt– und umgekehrt –, ist die Rußlands. Am Kollwitzplatz, in der Nähe des denkwürdigen Wasserturms, findet sich das romantische „Pasternak“, wo man nicht versäumen sollte, echten russischen Borschtsch zu probieren – natürlich zusammen mit „Sto Grammov Wodka“! Zweimal wöchentlich erklingen dazu russische Live-Melodien. Ich glaube, in diesem Quartier wird jeder ein Lieblingsrestaurant für sich entdecken! Das einzige, was sie am Kollwitzplatz nicht finden werden, ist eine namhafte Diskothek. Schade eigentlich ...

Zwischen Kollwitzstraße, Knaackstraße und Wörther Straße, Prenzlauer Berg, U Senefelderplatz

Künstlerclub „Die Möwe“ | „Enthusiasmus für ‚kultura'“

SEBASTIAN KNAUER

Am Anfang wurden „75 Personen Borschtschsuppe, Würstchen und Wodka“ aus der sowjetischen Soldatenverpflegung angeliefert, wie der Chronist Carl Zuckmayer notierte. In dem kaum kriegszerstörten Bürgerpalais an der Luisenstraße 18 begann am 15. Juni 1946 die ungewöhnliche Geschichte des Berliner Künstlerklubs „Die Möwe“.

Rund herum lag Berlin in Trümmern, der nahe Reichstag war ebenso eine Ruine wie die Straßenzüge zum heutigen Regierungszentrum. Hier spendeten die Kommandanten des späteren sowjetischen Sektors geistige Getränke und geistige Nahrung an die Davongekommenen. Der Klub, benannt nach einem Theaterstück Anton Tschechows, sollte die Keimzelle für die Wiederbelebung des intellektuellen Lebens in ganz Berlin werden. „Die Russen hatten einen kindlichen Enthusiasmus für ‚kultura'", schreibt Zuckmayer.

Den hatte auch 46 Jahre später, die Russen waren weg, der Hamburger Bürgermeister und Notar Henning Voscherau. Er ließ über die Landesbank die Immobilie „Bülow Palais" für knapp 12 Millionen Mark erwerben, um darin eine Hauptstadt-Repräsentanz einzurichten. Die Kassettendecken, das Kaminzimmer, der eichengetäfelte Salon, die marmorbelegte Eisentreppe, die barbusige Steindame im großen Saal und vor allem der adelige Name hatten es dem Käufer wohl angetan. Der Schwamm im Gemäuer des Hinterhauses, in dem einst eine Bierbrauerei, Kutscher und andere Handwerker lebten, war inklusive.

Aber ein Vicco von Bülow, alias Loriot, hatte in dem 1930 errichteten Gemäuer nie gelebt. „Wenig witzig", befand der Humorist im SPIEGEL.

Der Künstlerklub, in den Nachkriegsjahren vorübergehend auch von Bertolt Brecht und Helene Weigel bewohnt, später Treffpunkt der europäischen Intellektuellen-Elite von Jean-Paul Satre, Simone de Beauvoir, Yves Montand, Marcel Marceau oder Igor Oistrach, Sophia Loren oder Simone Signoret und Sitz einer europaweit einmaligen Theaterbibliothek, erlitt ein Wendeschicksal. Zwar setzte sich der Alteigentümer, ein westdeutscher Teppichhändler, für die Erhaltung des Möwe-Klubs ein. Doch in den Händen von Maklern, Ministerialen und Mafiosis, die den Standort u.a. für ein Bordell aufkaufen wollten, verfünffachte sich der Preis des Palais'. Jetzt läßt sich eines der ärmsten Bundesländer, Sachsen-Anhalt, im Bülow-Palais eine standesgerechte Vertretung in der Hauptstadt einrichten. Landespolitik statt Lust und Leidenschaft.

Die Möwen zogen weiter in das Palais am Festungsgraben, ebenfalls eine damals von den Russen für die deutsch-sowjetische Freundschaft akquirierte Immobilie. Ein piekfeines Restaurant, „Die Möwe", ein verkleinerter Möwenklub mit Bühne und Theke im Zwischengeschoß und vor allem der Geist der Möwen hat den Umzug in die neue Republik geschafft. Ein idealer Platz, um etwas darüber zu erfahren, wie Kapital und Kunst miteinander zurechtkommen müssen. Die Schauspielerin Renate Heymer, langjährige Streiterin für eine Zukunft der „Möwe“: „Es waren bittere Jahre, aber es hat sich gelohnt.“

Im Jahre 1946 hatte der sowjetische Stadtkommandant General Kotikow wohl ähnlich gedacht: Er hatte die Zahl der Lebensmittelspenden an die hungernden Berliner Künstler bald auf 250 Portionen erhöht.

Luisenstraße 18, Palais am Festungsgraben 1, Mitte, S U Friedrichstraße

Kunst-Werke | Margarine und Schokolade mit Bolzplatz

Wenn sich eine Margarinefabrik zu einem internationalen Ausstellungsort zeitgenössischer Kunst verwandelt, darf getrost von einer typischen Berliner Metamorphose gesprochen werden. Wer aus dem dritten Obergeschoß der Kunst-Werke Berlin (KW) auf die Hinterhöfe der umliegenden Häuserblöcke schaut, entdeckt linkerhand die schönen gelben Backsteingebäude der ehemaligen Schokoladenfabrik, heute Herberge einer Galerie und vieler kreativer Bürogemeinschaften. Nirgendwo anders auf der Welt als zwischen August- und Linienstraße können Schokolade und Margarine soviel Kunst und Création generieren. Der Blick aus dem 3. OG der KW gehört zu den besonderen visuellen Vergnügen, befindet man sich doch im angenehm zurückhaltend restaurierten Gebäude, das innen Kunst atmet und von außen den urbanen Flair einer kunstvoll revitalisierten Stadtlandschaft diskret eindringen läßt. Das „Institut für zeitgenössische Kunst“ist normalerweise ein Ort kontemplativ-konzentrierter Kunstbetrachtung, ein echtes Refugium, wozu auch ein „Kunst-Werk“ der besonderen Art nicht unerheblich beiträgt. Dan Grahams „Café Bravo“ ist Architektur-Skulptur und modernes Kaffeehaus in einem, das sich bei milden Temperaturen in den fast meditativen, kopfsteingepflasterten Innenhof mit mächtigen Bäumen erweitert.

Hier läßt sich's von New York träumen: Der Innenhof der Kunst-Werke

Bei entsprechender Begleitung läßt sich tagsüber wie am Abend entspannt über Kunst und die Welt nachdenken oder von New York träumen, wo das Kooperationsinstitut P.S.1 und Dan Grahams zweites Kunst-Werk-Café auf dem Dach der Dia-Foundation in Chelsea/Manhattan steht.

Meiden sollte jeder nur eine Vernissage – denn drängen sich Tausende auf diesem stillen Platz –, ein Alptraum, nicht nur für Klaustrophobiker. Für diesen Fall bleibt nur der sehnsüchtige Blick auf den daneben liegenden Fußballplatz in der Auguststraße – den schönsten von Berlin. Den ungewöhnlichen, gepflegten Bolzplatz zieren Graffitti-Bänder und Brandmauern – ein Eldorado für jeden wahren Kunstfreund, der vom Leben träumt ...

Auguststraße. 68, Mitte, U Oranienburger Straße.

Kupfergraben | In Spree-Athen

Es gibt Lokalitäten, deren spezifische Schönheit mit Kultur gesättigt ist und die sich erst auf den zweiten, den wissenden Blick erschließen. Der Kupfergraben, das nördliche Teilstück des Spreekanals westlich der Spreeinsel, erstreckt sich von der Eisernen Brücke – der ersten gußeisernen Brücke Berlins, die zwischen Altem und Neuem Museum verläuft – bis zum Zusammenfluß des Kanals mit der Spree an der Monbijoubrücke. Seine Ostseite ist von den repräsentativen Bauten der Museumsinsel geprägt – dem Bodemuseum, dem Pergamonmuseum und dem noch im Umbau befindlichen Neuen Museum.

Der Kupfergraben: Flohmarkt und Hochkultur

Die Westseite des Kupfergrabens – der seinen seit 1580 nachgewiesenen Namen vermutlich aufgrund des auf dem Wasserweg angelieferten Kupfers für das einst in der Nähe gelegene Gießhaus erhielt – besteht im wesentlichen aus schön restaurierten Bürgerhäusern des 18. und 19. Jahrhunderts, unter denen das sogenannte Magnushaus das bedeutendste ist. In dem um 1753 nach Plänen Georg Wenzeslaus von Knobelsdorffs für den preußischen Kriegsrat Westphal erbauten Haus Nr. 7, einem der wenigen erhaltenen herrschaftlichen Wohnhäuser des 18. Jahrhunderts, unterhielt der Physiker Heinrich Gustav Magnus zwischen 1842 und 1870 das erste physikalische Institut Deutschlands. Max Reinhardt, der große Prinzipal des Deutschen Theaters, wohnte von 1912 bis 1919 in dem von Kriegsschäden verschonten Gebäude. Anläßlich des 100. Geburtstags von Max Planck wurde das Haus der Physikalischen Gesellschaft der DDR übergeben, die hier u.a. die umfangreiche Privatbibliothek des Gelehrten unterbrachte. Heute befindet sich neben den Räumen der Deutschen Physikalischen Gesellschaft das Büro des Altbundespräsidenten Richard von Weizsäcker in dem traditionsreichen Gebäude.

Das im Gegensatz zum Magnushaus kriegszerstörte Haus am Kupfergraben 5 wurde zwischen 1978 und 1982 nach historischem Vorbild rekonstruiert und wird heute von der Humboldt-Universität genutzt. Nebenan, im Haus Nr. 4a, lebte von 1818 bis 1831 Georg Friedrich Hegel. Als um 1830 das nur einen Steinwurf entfernte Alte Museum entstand, soll sich der Philosoph vom unablässigen Lärm der Hämmer derart belästigt gefühlt haben, daß er sich mit Umzugsplänen trug.

Auch heute wird im unmittelbaren Umfeld des Kupfergrabens gebaut, doch über die notwendigen Rekonstruktionarbeiten an der Museumsinsel, vor allem an der Ruine des Neuen Museums, mag sich niemand ereifern. Ein Besuch des malerischen, kaum von Autos befahrenen, gepflasterten Straßenzugs lohnt sich insbesondere an den Wochenenden, wenn ein Flohmarkt das historische Quartier mit Leben erfüllt. Für Melancholiker sei ein Besuch am frühen Abend empfohlen, wenn ein milder „Ewigkeitszug“ den Ort erfüllt. Dann kommt eine Ahnung von ‚Spree-Athen' auf, stillgestellte Zeit mit nur noch einer Frage: Wo sollen all' die Bilder im Kopf bleiben?

Zwischen Bodestraße und Monbijoustraße, Mitte, S, U Friedrichstraße

Lehrter Bahnhof bis Hackescher Markt | Man fahre S-Bahn!

VOLKER HASSEMER

Man fahre S-Bahn! Die Strecke zwischen Lehrter Bahnhof und Hackeschem Markt. Natürlich hat diese, meine Lieblingsstrecke etwas mit der Entwicklung des ‚Neuen Berlin' zu tun. Seit Jahren bietet die S-Bahn einen Blick aus der ‚ersten Reihe' auf die täglichen Veränderungen in der neuen Berliner Mitte. Von hier aus sah man dem Umbau des Reichstagsgebäudes nach den Plänen des Architekten Sir Norman Foster zu. Jetzt kann man die Neubauten des Bundeskanzleramts und der übrigen Gebäude des Deutschen Bundestages beobachten und miterleben, wie im Spreebogen das Parlaments- und Regierungsviertel entsteht. Man sieht, wo künftig der Große Tiergarten auf eine sehr neue Art auf das ehemalige Alsenviertel stoßen wird und wo der städtebauliche Entwurf – das sogenannte Band des Bundes – die Spree als ehemaligen Grenzfluß an zwei Stellen überspringt. Hier ist die vielleicht interessanteste Idee für das ‚Neue Berlin' umgesetzt worden. Wenn das Bauen dort abgeschlossen sein wird, ist hier ein besonderes Berliner Ausstellungsstück entstanden.

Gelassene Betriebsamkeit am S-Bahnhof Hackescher Markt

Hat man den Spreebogen in östlicher Richtung durchfahren, führt die Strecke durch den historischen Kern der Stadt. Ein besonderes Erlebnis bietet dabei die Museumsinsel mit ihren weit über die Grenzen der Stadt bekannten Kunstsammlungen. Zwischen Spree und Kupfergraben sind das Pergamonmuseum, das Bodemuseum, das Neue Museum, Schinkels Altes Museum mit der Antikensammlung und die Alte Nationalgalerie, die 2001 wiedereröffnet wird, bedeutende Orte der Berliner Museumslandschaft. Die S-Bahn führt zwischen dem Pergamonmuseum und dem Bodemuseum, das 2004 wieder eröffnet wird, hindurch. Keine andere Stadt bietet das Durchfahren ihres schönsten Museumskomplexes an. Und das auf der Strecke, die von Paris über Berlin nach Moskau führt!

Mitte, S Lehrter Stadtbahnhof, Hackescher Markt

Leonhardtstraße | Mikrokosmos am Stuttgarter Platz

HORST SCHÄTTLE

Natürlich mag ich den Gendarmenmarkt und natürlich auch Berlins ‚Gute Stube', den Pariser Platz, aber am schönsten ist es für mich in Berlin in meiner Straße, in meinem Quartier.

Unweit der Kantstraße versteckt sich die Leonardtstraße zwischen dem Amtsgericht Charlottenburg und dem Stuttgarter Platz. Architektonische Schönheit kann diese Straße kaum bieten, sieht man einmal vom bombastisch-wilhelminischen Charme des Amtsgerichtes und einiger gutbürgerlicher Jahrhundertwende-Altbauten ab, die teilweise ganz ordentlich renoviert wurden.

Die ‚Schönheit' dieser Straße ist ein Gesamtkunstwerk, das aus den Menschen besteht, die dort leben und arbeiten, den breiten Bürgersteigen, auf denen Kinder spielen und den Kneipen am Ende des Stuttgarter Platzes, die mit ihren Terrassen ein Flair von Pariser Straßencafés verbreiten. Die Schatten spendenden Bäume geben der eigentlich langweiligen Architektur – zumindest im Sommer – einen schönen Farbtupfer.

Die ‚Leonhardt' ist bis heute das Musterbeispiel eines funktionierenden Mikrokosmos in einer großen Stadt, organisch gewachsen, aber sich dennoch ständig verändernd, mit einer Vielfalt, die es in Berlin da und dort auch in anderen Quartieren gibt, die aber leider nicht mehr die Regel ist.

Hier leben In- und Ausländer, Beamte, Angestellte und Arbeiter, Studenten und Rentner, Literaten und Rechtsanwälte bunt durcheinander. Die Straße hat sich darauf eingerichtet. Die Infrastruktur der kleinen Läden kann auch ohne Franchise-Ketten überleben. Nicht weniger als drei Buchhandlungen laden zum Schmökern ein, ein Antiquariat, ein Zeitungsladen mit internationaler Presse, natürlich Bäcker, Metzger und Apotheken, ein Öko-Laden, ein Blumengeschäft, ein kleiner Supermarkt, alles ist da; nicht zu vergessen der französische Weinhändler, der nicht nur verkaufen will, sondern von seinen Produkten auch etwas versteht.

Liebenswerte Idylle mitten in der Stadt: Die Leonhardtstraße in Charlottenburg

Die ‚Leo' ist eine liebenswerte Idylle, mitten der Stadt – Urbanität mit fast dörflichem Charakter. Viele kennen sich, und diejenigen, die sich nicht kennen, wissen voneinander, dafür sorgt schon die Verkäuferin im Metzgerladen. Die wichtigsten ‚Lokalnachrichten' werden hier nicht gedruckt, sondern gesprochen.

Zwischen Stuttgarter Platz und Hohenzollerndamm, Charlottenburg, S Charlottenburg

Lietzensee | Nirgendwo in Berlin ist so lange Sommer

GEORGIA TORNOW

Natürlich gibt es Liebe auf den ersten Blick. Und so hat die Sache auch angefangen. Zum ersten Mal habe ich ihn vom Bus aus gesehen, dem SA 4, eine mittlerweile eingestellte Schnellverbindung vom Stölpchensee zum Bahnhof Zoo. Das war nachmittags und ich knallwütend: Gerade hatte die fluchtbereite Mainzer Studentin – eben noch ein Landei – die Haltestelle zu ihrem Ferienjob auf der Funkausstellung verpaßt! Und dann im linken Auge plötzlich diese kleinen Blitze, ganz kurz nur – ER –: Berlin war wieder Klasse, die FU würde mich aufnehmen, das Zimmer im Studentenwohnheim mußte klappen und der Produktionsassistent hatte mich auch noch nicht vermißt. Abends habe ich ihn dann wieder gesehen. Die verrückte ZDF-Crew feierte unsere verrückte Aufzeichnung von der Funkausstellung in der Bar des Hotels Seehof, und draußen auf der Terrasse waren wir beide herrlich allein – ich und der Lietzensee.

Ein See lebt von seinem Rand. Mich bewegt nur die eine Hälfte. Die Daten: Lietzenseepark, 8 Hektar Charlottenburg in einer Eiszeitspalte, mein Teil 1919/20 von einem gewissen Erwin Barth mit einer Kaskade, Wegen, Bänken, Blicken im alten Baumbestand geplant, realisiert im Rahmen des Notstandsprogramms der damals noch eigenständigen Stadt Charlottenburg, begrenzt von Neuer Kantstraße, Wundtstraße, Witzlebenplatz und Lietzenseeufer, in der Regel einseitige Bebauung mit Alt-Berliner Bürgerhäusern, dazwischen einige Neubauten in Bombenlücken, an der Ecke Witzlebenplatz das ehemalige Reichskriegsgericht, dann Berliner Kammergericht, jetzt leer. Vor zwei Jahren wurde im Wintereis ein Selbstmörder entdeckt, vor drei Jahren haben Jungen neben der Canisius-Kirche gekokelt, sie brannte vollständig ab.

Man sieht nur, was man weiß – Dank an Egon Erwin Kisch für diese Reporter-Grundregel! – aber man liebt nur, was man kennt. Der Faktor Zeit ist entscheidend. Nein, nicht die rekordlange, digital gemessene, ganz exakte, sondern die natürliche Zeit: Tageszeiten, Jahreszeiten und viel Zwischenzeit. Nirgendwo in Berlin ist so lange Sommer wie am

Lietzensee. Mit dem ersten Sonnenstrahl sind sie da mit ihren Decken: Schülercliquen, Fit-Halter aller Alters- und Leistungsklassen, türkische, vietnamesische und sogar deutsche Familien, schwule Pärchen mit ausuferndem Eiskrembedarf, tiefbraune Arbeitslose, Laptop-Bewaffnete beiderlei Geschlechts, neuerdings sehr dünne, sehr junge russische Models. Im kleinen Café am Ufer trifft sich die ganze Truppe mit den knackigen Müttern vom Baby-Spielplatz nebenan und ein paar Mann echter Laufkundschaft. Wittgenstein-Adeptin und Handy-Dandy warten zusammen auf freie Plätze – zur Not auch an einem Tisch.

Man liebt nur, was man zu allen Jahreszeiten kennt: Der Lietzensee

Im Café am Abenteuerspielplatz ist Elternsprechtag – Väter Bier, Mütter Eis, Kinder Krach. Ihren Anspruch auf die Bänke im Park halten die Rentner, Sitzkissen gerüstet, stramm durch. Der Tierfreund am Lietzensee ist entweder fanatischer Vogel-Fütterer oder auf den Hund gekommen. Hundebesitzer sind übrigens dauernd auf Achse, seltenst im Café und setzen sich NIE auf die Wiese – sie wissen warum.

Der bunteste Vogel in dieser Charlottenburger Mischung ist obdachlos und schwarz, immer mit Sonnenbrille unterwegs und eindeutig Rasta-Fan. Wenn er da ist, ist echt Sommer. Dann bekommen die Tage diesen südlichen Rhythmus, morgens und abends sorgen Jogger und Hunde noch für Bewegung, mittags ist alles träge, das Wasser im See trübgrün und die Karpfen ziehen ihre Runde. Und dann der Winter am Lietzensee, zugefroren, vielleicht sogar Schnee, an solchen Tagen schenkt man am „Seehof" Glühwein aus, Schlittschuhseligkeit, das ganze ein Breughel-Bild …

Der Lietzensee– ein Paradies? Blödsinn. Manche Hundebesitzer sind aggressiver als ihre Köter, manche Frauen schlagen ihre Kinder, manche Kinder randalieren wie die Teufel, und der Hormonstau auf dem Bolzplatz ist auch nicht von Pappe. Ganz sicher gibt es hier auch Drogen – den Alkohol kann man sogar nachts hören. Also alles ganz normales Hier und Jetzt. Der Lietzensee ist ein ganz normales Stück Großstadt, klar, aber eben auch noch ein Stück von dem ganz Anderen, eben doch auch ein Stück Natur. Tja, liebe Ökos und Extremsportler, da seid ihr platt! Unter dem Pflaster liegt eben doch der Strand! Natur ist nicht nur, wo die Trappen hausen und die Wildwasser sausen. Die Stadtmaus lockt nicht der Ruf der Wildnis, aber der Magnetismus des Lietzensee treibt sie ganz ohne Event-Agentur und Katastrophen-Voyeurismus aus Loft und Hütte. Ein Ort mit geheimen Kräften! Denn da um den See findet dann statt, weshalb man in die Stadt wollte: LEBEN, und zwar ganz verschiedenes, damit man was zu gucken, zu reden und auszuprobieren hat.

Ohne eigene Zauberkraft wird kein Ort zum Lieblingsplatz. Und ein Lieblingsplatz ist auch nur etwas für Wiederholungstäter. Oder für treue Seelen. Jedenfalls funktioniert ein echter Lieblingsplatz als total verläßliche Instanz in Sachen Menschenprüfung. Es war nämlich völlig richtig, sich weder mit dem Mann zusammenzutun, der angesichts des Lietzensees mit dem Dreiklang „Location, Location, Location" reagierte, noch den angeblich total verliebt Ärmelnden – er faßte überall so beherzt zu – noch den Aufklärungsfanatiker zum Thema Reichskriegsgericht. Es war richtig, weil ich sonst jetzt nicht mit dem Mann am Lietzensee leben würde, der mir nach hundert Ausflügen zu den schönsten Plätzen in Berlin bei unserem gemeinsamen Weihnachtsfest einen Schlüsselanhänger mit Lietzensee-Adresse schenkte – der Vorschlag für ein gemeinsames Projekt.

Zwischen Lietzenseestraße und Wundtstraße, Charlottenburg, S Witzleben

Literaturhauscafé Fasanenstraße | Ruhe und Muße im Großstadttrubel

GÜNTHER VON LOJEWSKI

Mein Lieblingsplatz befindet sich, natürlich, immer in meinem Kiez. Als ich ganz klein war, war das der Steglitzer Stadtpark mit seinen Buddelkästen, Baumhöhlen, Teichen und dem Rodel"berg" im Winter. Später folgten die Bolz-, danach die Tennisplätze; „Blau-Weiß", der naturbelassene Meisterschaftsplatz und das eigene Freibad – das war anläßlich deutscher Studentenmeisterschaften Ende der Fünfziger die erste Ahnung von Wohlstand. Als ich älter wurde, habe ich am Lietzensee gejoggt und in der untergehenden Sonne auf der Terrasse des „Seehofs" die Thermen von Sirmione zu sehen geglaubt.

Das Literaturhauscafé: Milchkaffee und letzter Schoppen

Und jetzt? Seitdem ich am Kudamm wohne, sitze ich am liebsten im Literatur-Café in der Fasanenstraße. Mal unter Eichen im Garten, mal unter der Palme im Wintergarten. Nur wenige Schritte neben der hastenden, lauten City West – ein Hort der Ruhe und Muße. Eben noch Kudamm-Karree – jetzt Jugendstilvilla, ein kleiner Springbrunnen, viele hungrige Spatzen. Dort zockende Hütchenspieler aus Rußland, die mir ans Geld wollen – hier die Schlanke Polin Gosia, die, wo immer sie bedient, immer auch ein Lächeln für mich hat.

Links das Literaturhaus, wo noch alle Literaten und Möchtegerns der Stadt vorgesprochen haben, rechts die Villa Grisebach mit ihren Ausstellungen und Auktionen – ich, das Weltkind in der Mitten mit mehr Zeitungen, als ich lesen kann. Ist das Herz dann voll zu reden, findet sich fast immer ein bekanntes Gesicht, und ist es einmal nicht da, wird es gleich kommen: alte und junge Kollegen, pensionierte

Diplomaten und aktive Politiker, genialische Künstler und knackige Studentinnen (und umgekehrt).

Morgens, wenn ich einmal verschlafen habe, kriege ich hier einen schnellen (Milch-)Kaffee, um Mitternacht noch einen letzten Schoppen, wenn es schon zu spät ist für eine eigene Flasche. Ist das Elysium, frage ich mich, wenn einem nichts fehlt? Noch nicht einmal, wenn man wieder hinausgeht und das ganze sich umkehrt: Aus der vornehmen Nachdenklichkeit der Fasanenstraße – in die gedankenlose Geschäftigkeit des Kurfürstendamms; vorbei an Bulgari, Louis Vuitton, Christofle – hinein in Kaiser's Supermarkt; hier Intimität, da Anonymität; nach dem Kammerkonzert – die Nutte an der Straßenecke.

Es sind die Gegensätze der Stadt, die jene Spannung erzeugen, die die Menschen trunken macht und immer wieder zu ihren Lieblingsplätzen zurückführt. Und nie ist der Weg dorthin weiter als wenige Schritte. In meinem Kiez.

Fasanenstraße 23, Charlottenburg, U Uhlandstraße

Ludwigkirchstraße bis Olivaer Platz | Alte West-Berliner Glückseligkeit

Das alte West-Berlin ist nicht tot. Wer es in seiner luxurierenden Zufriedenheit und seinem gepflegt-intellektuellen Ennui erleben will, finde sich sonnabends gegen elf Uhr im Café „Manzini“, Ludwigkirchstraße, ein. Für sonnig-warme Morgen empfiehlt sich die zweite Sichtreihe, möglichst rechts oder links neben dem Eingang, für die kältere Jahreszeit sollte es eine der beiden schmalen Logenplätze an den zwei großen Fenstern als Beobachtungsposten sein.

Heitere Entspanntheit: Der Ludwigkirchplatz

So plaziert, entfaltet sich im Laufe des Vormittags ein kleines Panorama alter West-Berliner Glückseligkeit auf dem baumbesäumten Straßenabschnitt zwischen der pulsierenden Uhlandstraße und dem immer etwas verträumten Fasanenplatz, auf dem die Zeit stehengeblieben zu sein scheint. Da treten sie auf, die Stützen der Gesellschaft, baguettebewaffnet, toskanaselig mit der Tüte vom nahen Feinkostitaliener, die blankgeputzten Cabrios in der zweiten Reihe abgestellt. Während die Boutiquebesitzerin, dezent-exzentrisch und noch etwas müde, vor ihren Laden tritt, der SFB-Abteilungsleiter mit seiner Lehrerin-Frau sich gemütlich in den Konsumvormittag einstimmt und die stets freundlichen Kellner, das empfehlenswerte Sandwich und den besten Latte macchiato der Stadt kredenzen, baut sich jene fröhlich-melancholische Grundstimmung auf, die den Charme des alten Westens ausmachte. Wenn man Glück hat, dann kommt auch er: der Salonphilosoph mit dem großen Namen, eine beglückende Erscheinung aus dem letzten Jahrhundert, Homme de lettres und Hedonist. Sein müder Blick in leicht gebeugter Körperhaltung fixiert en passant die Anwesenden, haftet kurz an einer schönen jungen Frau, um selbst bald wieder als passagere Existenz zu verschwinden.

Alles mutet wie gestern an, unaufgeregt kultiviert, ein Hauch von Parvenue und Edel-Boheme: Konsum-Kultur zwischen Feinkostladen, Reformhaus und Stoffgeschäft. Man kennt sich, ohne untereinander reden zu müssen, man inspiziert dennoch die Nachbarn oder gibt sich einfach der Zeitungslektüre hin. Schöne Autos, schöne Frauen, schöne, etwas vorlaute Kinder, schöne Bäume und nebenan der schönste Pensionsname der Stadt: Hotel Pension „Bella“.

Wer von allem noch nicht genug hat, streife für einen Augenblick den Fasanenplatz und wende sich nach links die Straße hinunter Richtung Ludwigkirchplatz, am „Hamlet“ vorbei bis zu „Weyers“ mit seinem angenehmen Vorgarten. Wo nachts sich rund um den Ludwigkirchplatz die betagtere und die junge Edel-Szene verlustiert, verbreitet die Lokalität am Nachmittag heitere Entspanntheit mit der großen und – wie immer in Berlin – nicht sonderlich alten Backsteinkirche St. Ludwig, dem Spielplatz und den zahlreichen alten Bäumen. In dieser Stimmung entfaltet sich die ‚Blaue Stunde‘.

Nach kontemplativen Stunden, wenn's allmählich dunkel wird, sollte die kurze Flanerie durch den wahren alten Westen am Olivaer Platz (den man getrost ob seiner Häßlichkeit ignorieren darf), genauer am Beginn des schönsten Kurfürstendamm-Teils, zwischen Leibnitz- und Schlüterstraße im „Bovril“ enden. Besonders in milden Abendstunden ist der Hochsitz-Logen-Platz links oder rechts vorm Restaurant-Eingang der schönste Beobachtungsposten für's gepflegte Augenflanieren. In distanzierter Nähe stellt sich noch der alte Kurfürstendamm-Zauber ein, das kann man sich was kosten lassen: zeitlich und kulinarisch.

U Uhlandstraße, Adenauerplatz, Spichernstraße

Lützowufer und Landwehrkanal | Wasser, Weiden, Gründerzeit

Ganz im Gegensatz zum verkehrsumtosten Lützowplatz am östlichen Rand der West-Berliner City mit seinen insgesamt sieben Straßenmündungen eröffnet sich in Richtung Potsdamer Platz für die kurze Zeitspanne einer zweiminütigen Autofahrt oder die etwas längere eines fünfzehnminütigen Spaziergangs entlang des Landwehrkanals eine beschaulich-grüne Wegstrecke, die ihren Charme einerseits aus der Wassernähe, andererseits aus den stuckverzierten Fassaden der erhaltenen gründerzeitlichen Gebäude bezieht. Vor allem im Sommer, wenn der dichte Baumbestand an Ufer und Straße an manchen Stellen ein nahezu geschlossenes Laubdach hervorbringt, herrscht hier eine sonderbar stille, hermetische Atmosphäre, die wohl vor allem deshalb spürbar ist, weil sie in hartem Kontrast zu den beiden unmittelbar angrenzenden Verkehrsknotenpunkten steht.

Verträumte Stille zwischen zwei Verkehrshauptschlagadern: Das Lützowufer

Gleich hinter der Herkulesbrücke befindet sich mit dem seit 1979 nach Plänen von Walter Gropius errichteten Bauhaus-Archiv ein architektonisch markantes Museumsgebäude. Die anschließende Villa von der Heydt, ein 1860/61 entstandenes klassizistisches Gebäude, verweist auf die einst hochherrschaftliche Bebauung des gesamten südlichen Tiergartens und dient heute als Sitz und Hauptverwaltung des Präsidenten der Stiftung Preußischer Kulturbesitz.

Schräg gegenüber liegt am Lützowufer 15 das Grand Hotel Esplanade, 1988 als erstes Fünf-Sterne-Hotel West-Berlins nach Ende des Zweiten Weltkriegs eröffnet. Der nach Plänen von Jürgen Sawade entstandene, spitzwinklige Hotelkomplex sollte eine Einheit von Architektur, Design, Malerei und Skulptur schaffen – ein Anspruch, der u.a. durch eine bemerkenswerte Sammlung moderner Kunst eingelöst wird. Der Hiroshimasteg, eine einbogige, frei ausschwingende Stahlkonstruktion, die Lützow- und Reichpietschufer miteinander verbindet, wurde 1987 im Rahmen der Internationalen Bauausstellung angelegt.

Von der schmalen roten Fußgängerbrücke fällt der Blick auf Uferweiden, die zumeist unbewegte Oberfläche des Landwehrkanals oder einen der Schwäne, die hier vereinzelt ihre Bahnen ziehen. Beinahe kann man von hier aus schon das Gebäude jenseits der Bendlerbrücke erkennen, an dessen Stelle zu Beginn des Jahrhunderts einmal Blumeshof 11 gelegen hat – jener verwunschene Hinterhof mit Loggia, der in Walter Benjamins Kindheitserinnerungen eine Rolle spielt. Am Eingang der Bendlerstraße dann ein Meisterwerk der modernen Architektur: Das Shell-Haus, ein 1930/31 nach Plänen von Emil Fahrenkamp erbauter wellenförmiger Stahlskelettbau, gilt als einer der markantesten Bürobauten der Weimarer Republik. Direkt daneben erstreckt sich das Wissenschaftszentrum Berlin als bunte Collage verschiedener Bautypen. Augenfälligstes Element der 1987 von James Stirling entworfenen neuen Anlage hinter dem 1894 entstandenen Verwaltungsbau am Reichpietschufer ist ein wehrturmartiger Bau, der in Form und Farbe an eine Himbeertorte erinnert.

An der Kreuzung Schöneberger Ufer und Potsdamer Straße befindet man sich wieder mitten im neuen, tosenden Berlin. Die terrakottafarbene Fassade des debis-Hochhauses mit seinem leuchtendgrünen Firmenlogo über Scharouns Staatsbibliothek vor Augen, verblaßt das grüne Lützowufer rasch zu einer stillen Erinnerung.

Zwischen Lützowplatz und Kulturforum, Tiergarten, U Mendelsohn-Bartholdy-Park, S, U Potsdamer Platz

Lustgarten | Neue Lust am Wandeln

Lustwandeln oder auch Lust verspüren mochte hier schon lange niemand mehr, zumal er auch keinen Garten vorfand. Es gibt berühmte, in ihrer einzigartigen Schönheit vielgepriesene Orte in Berlin, die heute nur noch traurig stimmen in ihrer Ödnis oder Zerstörtheit. Der Schloßplatz gehört zweifelsohne dazu, bis vor kurzem auch der Lustgarten. Während dem Schloßplatz immerhin sein architektonischer Bezugspunkt fehlt, mangelte es dem gegenüberliegenden Lustgarten an nichts – außer an einer zur behutsamen historischen Rekonstruktion entschlossenen Stadtverwaltung. Entscheidungsunsicherheit führt in Berlin immer zu Architekturwettbewerben, die im Falle des Lustgartens wohl eher zur zweiten Verschandelung des Ortes nach den radikalen Veränderungen durch die Nationalsozialisten geführt hätte. Aber es kam zum Glück anders, bürgerliches Geschichtsbewußtsein obsiegte über orientierungslose Politiker und Verwalter.

Einst Nutz- und Küchengarten, dann Ort bürgerlichen Lustwandelns, dann Paradeplatz – und heute? Der Lustgarten

Der auf dem nördlichen Teil der Spreeinsel gelegene Lustgarten gehörte ursprünglich zum Berliner Stadtschloß. Errichtet wurde er nach holländischem Vorbild: Kurfürst Friedrich Wilhelm ließ 1684 den rund ein Jahrhundert zuvor hier eingerichteten Nutz- und Küchengarten durch einen öffentlich zugänglichen, mit zahlreichen Plastiken, Volieren und einem Grottenlusthaus versehenen Platz ersetzen. Seither war die Anlage ein Ort historisch gewachsenen bürgerlichen Lustwandels. Vom ‚Soldatenkönig' als Paradeplatz zweckentfremdet, wurde er nach Eröffnung des Alten Museums 1831 von Peter Joseph

Lenné gärtnerisch neu gestaltet. Gleichzeitig erhielt die monumentale Granitschale mit einem Durchmesser von sieben Metern ihren Platz vor der Freitreppe des Museums, von dessen Stufen aus sich die auf Karl Friedrich Schinkel zurückgehende städtebauliche Idee des Lustgartens – die bauliche Einheit von Staat (Schloß), Kirche (Dom), Kunst (Museum), und Militär (Zeughaus) – am besten erschließt.

1936 wurde der Lustgarten mit Ausnahme des westlichen Teils planiert und gepflastert, nachdem er bereits in der Zeit der Weimarer Republik als Paradeplatz genutzt worden war. Das Raster der zweifarbigen Kleinpflasterung sollte im ‚Dritten Reich' u.a. die Aufmärsche der Hitlerjugend erleichtern. Doch auch nach Abriß des Stadtschlosses 1950/51 wurde der dem neu gestalteten Gelände des Marx-Engels-Platzes zugeordnete Lustgarten für offizielle Paraden genutzt.

Inzwischen ist die weitläufige Platzanlage wieder nach historischem Vorbild begrünt, die noch in den letzten Tagen der DDR unter Denkmalschutz gestellte Pflasterung ist einem Gartenbaukonzept gewichen, das den ursprünglichen Gedanken des urbanen Lustwandels in die Gegenwart des Neuen Berlin zu überführen versucht. Schinkels Garten lebt mit dem neuen Brunnen von Hans Loidl als optischem Zentrum. Die acht Meter hohe Wasserfontäne und die nach Schinkel frei interpretierten Wegstrecken und Rasenflächen (Vorsicht, automatische Bewässerung!) laden zum Flanieren ein, am besten in Rückenstellung zum Asbest-Palast der Republik und dem unwirtlichen Schloßplatz. Lust steigt im Angesicht von Schinkels Altem Museum auf, selbst der Berliner Dom vermag das Auge dank der wiedergewonnenen Idylle kaum zu beleidigen. Wer lange genug lustwandelt, wird am Ende vielleicht sogar dem ersten „Berliner Parkpfleger" begegnen, bevor er die großartigen Sammlungen der angrenzenden Museen besucht ...

Am Lustgarten, Mitte, S Hackescher Markt

Märkisches Ufer, Köllnischer Park | Stadtgeschichte am Bärenzwinger

Ganz in der Nähe der Jannowitzbrücke erstreckt sich zwischen Brückenstraße, Rungestraße und Wallstraße das Märkische Ufer, das in nördlicher Richtung von Mühlendammschleuse und Spree begrenzt wird. Von der Uferpromenade aus hat man einen schönen Blick über die Mühlendammschleuse, die Fischerinsel und das östliche Zentrum Berlins, aus dem die Kuppel des Fernsehturms herausragt.

Das Märkische Museum: Schöne Aussicht für Meister Petz

Die Dreiecksform des Köllnischen Parks, der das Märkische Museum umgibt, geht auf eine Bastion der 1658 unter Kurfürst Friedrich Wilhelm von Johann Gregor Memhardt angelegten Befestigungsanlage – die sogenannte Memhardtsche Stadtbefestigung – zurück, von der noch heute ein runder Backsteinturm mit Haube und bekrönender Waffentrophäe aus dem Jahr 1718, der „Wusterhausische Bär", zu besichtigen ist. Im Zentrum des etwa zwei Hektar großen Stadtparks steht neben einem gut besuchten Kinderspielplatz seit 1928 als Hauptattraktion der Anlage ein ovaler Bärenzwinger, dessen ‚Belegschaft' durch eine umlaufende Backsteinbalustrade von den Besuchern getrennt ist. Die drei hier lebenden Exemplare des Berliner Wappentiers heißen „Schnute", „Maxi" und „Tilo" und sind die Nachfahren eines seinerzeit von der Stadt Bern gestifteten Braunbärpärchens. Da der Berliner an und für sich besonders tierlieb ist, geht's den stattlichen Wappentieren nahrungsmäßig prächtig. Es dürften weltweit die einzigen Bären im öffentlichen Dienst sein.

Zwischen Bärenzwinger und Rückfront des Märkischen Museums nimmt der Köllnische Park den Charakter eines sehenswerten Lapidariums mit zahlreichen Putten und Sandsteinvasen aus dem 17. und 18. Jahrhundert an. 1970 wurde der Stumpf einer Windmühle aus dem 17. Jahrhundert entdeckt. Hinzu kommt ein reich gestalteter Terrakotta-Brunnen im Stil der italienischen Hochrenaissance sowie eine Sandsteinplastik mit dem einprägsamen Titel „Herkules, den Nemeischen Löwen bezwingend“, die 1787 von Johann Gottfried Schadow gestaltet wurde. Von dem Bildhauer Heinrich Drake stammt das 1965 an der Wallstraße aufgestellte Bronzedenkmal des Berliner Milieukünstlers Heinrich Zille.

Zwischen Brückenstraße, Rungestraße und Wallstraße, Mitte, S/U Jannowitzbrücke, U Märkisches Museum

Mauerpark | Multikulti im Niemandsland

TANJA DÜCKERS

Das archaische Trommeln der Bongos ist nicht zu überhören, Rastafari-Freaks und Null-Bock-Studenten, ein älteres Ehepaar und zwei Kleinkinder mit bunten Zöpfen tanzen gleichermaßen in den Sonntagnachmittag. Pärchen verschiedensten Alters und Geschlechts liegen in der Sonne, schlafen, lesen, schreiben sich mit mitgebrachten Eiswürfeln kalte Worte auf den nackten Rücken oder – wie das Schwulenpärchen neben mir – verpassen sich eine neue Frisur. Zwei Girlies in bunten Sechziger-Jahre-Kleidern und Korksandalen (mit Herzchen auf dem Absatz) verkaufen Bier, Fanta und Gummibärchen aus Kühltaschen, und ein Heino-Verschnitt führt seinen deutschen Schäferhund über die grünen Abhänge.

Eine interessante und krude Mischung von Leuten trifft sich hier, sowohl unter der Woche als auch am Wochenende, in einer einst trostlosen Gegend, in der die Mauer den Wedding vom Prenzlauer Berg trennte. Tief in ihre Werke versunkene Maler geben keinen Laut von sich, nur das leise beständige Zischen der Sprayflaschen ist zu hören, wieder und wieder wird die Mauer übermalt, neu überschrieben.

Ein Stück Freiraum im hauptstadtgerüsteten Berlin: Der Mauerpark

Auf dem Stadtplan findet sich der Name Mauerpark nicht, da stößt man lediglich auf den Falkplatz und die Max-Schmeling-Sporthalle. Irgendwo dazwischen, im Niemandsland, tut sich der Mauerpark auf. Groß ist der Park nicht, dafür exquisit: Wellige Abhänge führen von den in buntesten Farben leuchtenden Mauerresten herab auf eine Wiese. Man tummelt sich sowohl auf dem abschüssigen Gelände als auch auf dem planen Grasplatz. Im Süden blickt man auf die Bernauer Straße.

Manchmal dringt von der Max-Schmeling-Sporthalle das Gebrüll der Basketballfans herüber oder ein Boygroup-Konzert führt Hunderte von H&M-bekleideten, bezopften Mädels in diese Stille Ecke des Prenzlauer Bergs. Der Mauerpark, im Nordwesten des Prenzlauer Bergs, stellt noch ein Stück Freiraum im hauptstadtgerüsteten Berlin dar, ein mindestens zwanzigminütiger Fußmarsch vom Kollwitzplatz wäre nötig, um in dieses vergessene Land zu geraten – und das ist vielen Touristen entschieden zu weit.

Zwischen Eberswalder Straße, Schwedter Straße, Gaudystraße und Cantianstraße, Prenzlauer Berg, U Eberswalder Straße

Monbijou-Park | Als wär's ein Stück von Eichendorff

Fast verwunschen, völlig verschachtelt und undurchsichtig in seinem Verlauf liegt an der Szenemeile Oranienburger Straße ein Park, dessen Geschichte auch für viele Stadtkundige im Dunkeln liegt und dessen Existenz nächtens vor allem durch exotisch aufgestylte Gunstgewerblerinnen in Erinnerung bleibt. Deshalb blicken wir zunächst zurück, um Erhellendes ins Dickicht des maroden Zaubergartens zu bringen.

Verfallener Zaubergarten im Szeneviertel: Der Monbijou-Park

Der heutige Monbijoupark zwischen Museumsinsel und Hackeschem Markt war einmal der Standort eines der anmutigsten Berliner Stadtresidenzen. Schloß Monbijou, entstanden 1703 nach Plänen des Baumeisters Eosander von Göthe, wurde für den königlichen Minister Graf von Wartenberg erbaut und gelangte nach der Entmachtung dieses „größten Intriganten am preußischen Hof" 1710 in den Besitz von Kronprinzessin Sophie Dorothea, der Mutter Friedrichs des Großen. Mitte des 18. Jahrhunderts erweiterte man den eingeschossigen Bau auf insgesamt 55 Achsen und fügte außerdem eine Orangerie und ein Angelhäuschen hinzu. Weitere Anbauten erfolgten erst wieder 1789/90 auf Initiative der neuen Besitzerin, der Königin Friederike Louise, die auch eine Reihe kleinerer Bauten wie den „Tempel der Freundschaft", das „Chinesische Lusthaus" und das „Bad des Nero" im weitläufigen Garten anlegen ließ. Der Schloßpark war ursprünglich als Barockgarten angelegt und wurde zu Beginn des 19. Jahrhunderts in einen Landschaftspark umgewandelt. Nach dem Tod der Königin erfüllte Schloß Monbijou verschiedene Funktionen und wurde übergangsweise sogar als Kaserne genutzt. Heute ist von dieser Geschichte nichts mehr zu sehen – nimmt man einmal die nach wie vor idyllische Lage am Ufer der Spree aus, die Sophie Dorothea zur Benennung des Anwesens („mon bijou") inspiriert haben soll. Das im Zweiten Weltkrieg stark beschädigte Schloß Monbijou wurde wie der dazugehörige Garten zwischen 1958 und 1960 abgetragen.

Die heutige, 1960 entstandene Parkanlage bezieht ihren Charme aus der räumlichen Nähe zu Spree und Museumsinsel, die von hier aus in ihrer vollen Länge zu überschauen ist. Von den Lokalen und Cafés in den S-Bahn-Bögen aus kann man durch den nicht allzu dichten Baumbestand hindurch einen gelassenen Blick auf die zahlreichen Touristenboote werfen, die an Alter Nationalgalerie, Pergamon- und Bodemuseum vorbeidefilieren. Jenseits der S-Bahn-Bögen ist der Park dann in mehrere kleinere Abschnitte unterteilt, die dem vielfältigen Nutzungsverhalten seiner Besucher angepaßt sind: Ein Kinderbad und ein Spielplatz für die Jüngsten, ein Basketball- und ein Volleyballplatz mit echtem märkischen Sand für die Sportiven, Liegewiesen für Sonnenanbeter und schlichte Bänke für diejenigen, die es unweit des betriebsamen Hackeschen Marktes etwas ruhiger angehen wollen.

Zwischen Oranienburger Straße, Burgstraße und Monbijoustraße, Mitte, S Hackescher Markt, U Oranienburger Straße

Müggelsee | Paradies für Wassersportler

Was den West-Berlinern der Wannsee, das war und ist den Ost-Berlinern der Müggelsee. Der größte See Berlins mit seinen umliegenden kleineren Gewässern wie dem Langen See und dem Seddinsee als Verlängerung der Dahme, dem Dämeritzsee, Falkensee und Kalksee ist der perfekte Ort für ein frühsommerliches Sonntagspicknick inmitten üppiger Vegetation, umsäumt von Birken, Erlen, Weiden und einer lieblichen Hügelkette, den Müggelbergen (115 Meter sind eine stolze Höhe für Berliner Verhältnisse). Er lädt ein zu einer Tretboot-, Ruder-, Segel- oder Dampferpartie, denn mit Kuchen, Eis, kühlem Bier und Bockwurst läßt sich's herrlich sanft vorbeischippern an den schmucken Villen, gepflegten Gärten, Bootshäusern und kleinen Prachtschlößchen. Ganz von ferne fühlt man sich ob dieser Wasserwonnen an den letzten Urlaub am bayerischen Voralpensee erinnert – wäre da nicht das unverkennbar berlinernde Schiffs- und Gastronomiepersonal, das einen schroff ins Hier und Jetzt zurückholt.

Zu sehen gibt es in der Postkartenlandschaft auch einige architektonische Besonderheiten: Das 1912 eröffnete Strandbad Müggelsee am Fürstenwalder Damm, ein massives Terassengebäude an einem langgestreckten Sandstrand, das auf einer Gesamtfläche von über zwölf Hektar bis zu 20.000 Besuchern Platz bietet, ist neben dem Strandbad Wannsee das beliebteste Strandbad Berlins. Das Ende des 19. Jahrhunderts nach Plänen des englischen Ingenieurs Henry Gill errichtete, backsteinerne Wasserwerk Friedrichshagen, das sich teilweise aus dem Müggelsee speist und noch heute eine wichtige Rolle bei der Wasserversorgung der Region spielt, ist das größte und älteste erhaltene Trinkwasserwerk Berlins und zählt zu den bedeutendsten Industriedenkmalen der Stadt. Das Süd- und Westufer des Müggelsees zwischen der Anlegestelle Müggelhort am Zufluß der Spree und dem 1926 erbauten Spreetunnel – einem 150 Meter langen und 5 Meter breiten Fußgängertunnel unter der Spree – wurde in den siebziger Jahren befestigt und umgestaltet: dabei wurden zahlreiche Wander- und Radwege, Liegewiesen und Sportanlagen angelegt.

Wer nach der Bootspartie noch einmal die Welt von oben betrachten will, der erklimmt den knapp 30 Meter hohen Müggelturm am Südufer des Sees. Der rechteckige, achtgeschossige Stahlbetonturm mit verglasten Balkons und Aussichtsplattform, im Volksmund der „Grüne Gipfel von Berlin", entstand in den Jahren 1959 bis 1961. Im Innern des Turms führen 126 Stufen zum Dachgeschoß. Die Mühe lohnt sich: Von hier aus eröffnet sich ein Rundblick auf den Müggelsee und den Langen See, das märkische Umland und schließlich die Berliner Innenstadt, der man hier so herrlich entfliehen kann.

Der alte Müggelturm aus dem 19. Jahrhundert hatte ein Stück sozialistische Legendengeschichte geschrieben, hatte doch der Schustergeselle Berndt ins Gästebuch einen frechen Spruch geschrieben, der ihm ein paar Wochen Gefängnis einbrachte: „Den Sozialismus in seinem Lauf halten weder Ochs' noch Esel auf!" Diese sozialdemokratische Weisheit waren auch die finalen goldenen Worte des letzten Repräsentanten jenes real existierenden ersten Arbeiter- und Bauernstaates auf deutschem Boden, der einst den schönen neuen Turm errichten ließ. So schließt sich der Kreis der Geschichte hoch oben auf den Müggelbergen …

Müggelseedamm, Köpenick, S Friedrichshagen, Rahnsdorf

Müggelspree mit Friedrichshagen | Dichterboheme und restaurierte Vorstadtidylle

Auch Flüsse können ihren Namen mitten im Lauf ändern. Die Spree tut es, bevor sie sich in den Großen Müggelsee ergießt. Längs des sie begleitenden Müggelsseedamms erstreckt sich eine eigenartig durchmischte Lebenswelt aus heruntergekommenen alten Palais', kleinen Industriebrachen, neumodischen Wassersportzentren im Globaldesign, Wiesen und privatisierten kleinbürgerlichen Wohnquartieren direkt am Fluß. Dann ist man auch schon in Friedrichshagen, wohin einst die naturalistischen Dichterrevolutionäre der neunziger Jahre des 19. Jahrhunderts vor dem hektischen Großstadttrubel und wilhelminischer Polizeibespitzelung flohen.

Der „Friedrichshagener Dichterkreis" hat den Köpenicker Stadtteil zumindest für Germanisten unsterblich gemacht. Und die Friedrichshagener wollten nicht zurückstehen und haben einige längst vergessene Dichtergrößen jener Jahre wie Wilhelm Bölsche und Bruno Wille als Straßennamen verewigt. Vielleicht war neben der idyllischen Lage das hier gut vertretenen Braugewerbe nebst herrlichen Biergärten (Berliner Bürgerbräu und vor allem „Schröps" am Müggelsee) ein gewichtiges Motiv für die Poeten, sich hier anzusiedeln. Wer heute die Bölschestraße und besonders ihre verwunschenen Nebenstraßen entlangflaniert, findet sich – trotz unübersehbarer Kriegsschäden und Bausünden der DDR – in der Welt des 19. Jahrhunderts wieder. Flache, dörflich anmutende Gebäude wechseln mit prächtigen Gründerzeit- und Jugendstilwohnhäusern, selbst die Polizei residiert in einem sorgfältig restaurierten Gebäude der Jahrhundertwende. Ob Drachholzstraße, Am Goldmannpark, Mylinsgarten oder die Scharnwertherstraße wieder hinunter zum Wasser – man sollte sich Zeit lassen, bevor die Schritte in einen der Biergärten oder einfach in den kleinen Müggelpark an der Josef-Nawrocki-Straße gelenkt werden. Am Ende des Parks wartet noch ein kleines Abenteuer auf den Friedrichshagen-Flaneur: der Fußgänger-Tunnel unter der Spree, „erbaut und versenkt 1926".

Müggelseedamm, Köpenick, S Friedrichshagen, Rahnsdorf

Museumsinsel | Ein Stück schwärmerisches Arkadien

EBERHARD DIEPGEN

Die Museumsinsel mit angrenzendem Lustgarten ist mir in den vergangenen Jahren wie nur weniges ans Herz gewachsen. Am malerischen Kupfergraben gelegen und von den trägen Wassern der Spree umspült, bildet es ein Stück schwärmerisches, fast schon verschwenderisches Arkadien. Es widerlegt die Mär von der spröden brandenburgischen Mark.

Kuppelzauber in Berlins Mitte: Das Bode-Museum (Museumsinsel)

Nirgendwo ist die berlinerisch-respektlose Bezeichnung ‚Spree-Athen' für unsere Stadt faßbarer und überdies treffender als hier. Allein das bauliche Ensemble für die hochkarätigen Sammlungen der klassischen Kunst und Archäologie verkörpert selbst jenes Zeitlose, welches die Austellungsobjekte erwecken. Doch ist die Museumsinsel kein Ort schwergewichtiger Wissensvermittlung. Er ist pure Sinnenfreude und besitzt große Leichtigkeit. Seine Pracht lädt Bildungsbeflissene wie Schaulustige ein, lockt Spezialisten ebenso an wie Spaziergänger und Flaneure. Einer unter ihnen zu sein ist eines der schönsten Vergnügen, das sich in Berlin machen läßt.

Zwischen Lustgarten, Kupfergraben und Monbijoustraße, Mitte, S Hackescher Markt

Ein namenloser Garten zu einem namenlosen Haus

WOLF JOBST SIEDLER

Ginge es um Rom, so würde man die Piazza Navona, die Piazza di Spagna, die Piazza del Popolo oder tausend andere Plätze nennen, auf denen man sich mit Freunden traf. In Paris sind die Orte so zahlreich, daß man mit der Aufzählung gar nicht enden kann, denn neben den berühmten Orten gibt es ja zahllose kleine Winkel, die sich dem Reisenden eingeprägt haben.

Berlin war nie eine der alten Städte Europas wie Rom, Paris oder auch London. Zudem ist es im letzten Jahrhundert zu schnell von ein paar hunderttausend Einwohnern auf zuletzt vier Millionen angewachsen. Aber das war die Zeit des Stilverfalls, und so ist Berlin nicht gerade eine schöne Stadt. Läßt man die Mitte aus dem Barock und dem Klassizismus beiseite, so ist es wirklich jenes ‚Steinerne Meer', jenes gestaltlose Häusermeer, das Zille so haßte.

So fällt es schwer, einen Ort zu nennen, der es an architektonischer Schönheit und pittoreskem Reiz mit den anderen Metropolen Europas aufnehmen könnte. Und dennoch hat Berlin einen unvergleichlichen Charme, was wahrscheinlich auch an der märkischen Natur liegt, die überall in das Stadtgebiet hineinragt und die vermutlich das Lebensgefühl der hier Lebenden gefärbt hat.

Deshalb würde ich meinen eigenen Garten als meinen Lieblingsplatz nennen. Da, in Dahlem bin ich geboren, und hier habe ich mein ganzes Leben verbracht. Ein kleines, unbedeutendes Haus aus der Vorweltkriegszeit, ein bescheidener, handtuchgroßer Garten mit einer eigentlich unerlaubten Fülle von Bäumen, die ihn zu einem Lennéschen Park en miniature machen. Dort liebe ich es, allein, mit meiner Familie oder mit Freunden zu sitzen, zu reden, zu lesen, auch mit dem Schreibblock auf den Knien, um das zu formulieren, was mir an Gedanken kommen mag.

Neue Nationalgalerie | Schwebender Tempel aus Glas und Stahl

Das Kulturforum am Kemperplatz: nicht von ungefähr gilt es als einer der häßlichsten Orte des alten West-Berlin. Eine Ausnahme bildet das unmittelbare Umfeld der Neuen Nationalgalerie, dem 1968 entstandenen, weltweit einzigen Museumsbau des Architekten Ludwig Mies van der Rohe. Das transparente Gebäude, ein moderner Tempel der Kunst aus Glas und Stahl, steht auf einem geschoßten Sockel mit Natursteinbelag – es ist damit seiner unmittelbaren Umgebung auch in räumlicher Hinsicht enthoben.

Skulpturenterrasse und Matthäi-Kirche vor der Neuen Nationalgalerie

In seiner Grundform markiert der Bau eine zeitgenössische Adaption der Alten Nationalgalerie auf der Museumsinsel. Acht schlanke Stützen tragen eine stählerne Kassettendecke, die hydraulisch angehoben wurde und über dem Sockel des 50 mal 50 Meter großen Gebäudes zu schweben scheint. Die Vorhang-Fassade ist vollständig verglast und vom Tragwerk zurückgesetzt. Ursprünglich war der Entwurf für die Hauptverwaltung der Firma Baccardi Rum in Santiago de Cuba gedacht, kam dort aber nicht zur Ausführung und wurde für Berlin umgearbeitet. Ein Stück luzider Karibik auf märkischem Sand – wieviel mehr davon hätte Scharouns unvollendete Architekturvision „Kulturforum“ verdient!

Während das stützenfreie Obergeschoß für Sonderausstellungen genutzt wird, ist im fast doppelt so großen Untergeschoß eine ständige Präsentation zur Kunst der ersten Hälfte des 20. Jahrhunderts zu sehen. Im Skulpturengarten und auf den Freiflächen um das Haus kann man hochkarätige Kunst im öffentlichen Raum genießen: Plastiken, u.a. „Der Bogenschütze“ von Henry Moore und Richard Serras „Berlin Block – Charly Chaplin“, geben nicht nur während des alljährlichen „Jazz in the Garden“ eine spannungsreiche Szenerie, die sich beim längeren, auch wiederholten Verweilen, zu verschiedenen Tages- und Jahreszeiten, immer wieder neu und anders wahrnehmen läßt. Von den Freiflächen aus, auf deren Plattenbelag die Schritte des Besuchers durch einen akustischen Effekt der Fassaden vernehmlich widerhallen, eröffnet sich ein schöner Rundblick über den Tiergarten und die neue Skyline des Potsdamer Platzes. Wäre da nicht der tosende Großstadtverkehr, man könnte für Augenblicke ins Träumen verfallen.

Potsdamer Straße 50, Tiergarten, S, U Potsdamer Platz, U Kurfürstenstraße

Nikolskoe | Rußland in den Stolper Bergen

Die evangelische Kirche St. Peter und Paul bei Nikolskoe am Havelufer südlich der Pfaueninsel wurde zwischen1834 und 1837 nach Entwürfen von August Stüler und Albert Dietrich Schadow „im russischen Stil, jedoch nur mit einem Turm“ erbaut. Die Terrasse und der Turmriegel kamen nach Skizzen Karl Friedrich Schinkels als landschaftsgestaltende Elemente hinzu. Der am Nordwestrand des Düppeler Forstes gelegene Ziegelbau, in dem an Feiertagen gut besuchte Gottesdienste abgehalten werden und der auch für kulturelle Zwecke genutzt wird, zählt nicht von ungefähr zu den meistbesuchten Ausflugszielen in der Umgebung Berlins, denn von hier aus eröffnet sich ein sehr schöner Ausblick über Havellandschaft und Pfaueninsel. Wie übrigens auch umgekehrt von der Pfaueninsel oder einem Segelboot aus der Kirchenbau als architektonisches Kleinod an den bewaldeten Hängen der Stolper Berge erscheint.

Trotz seiner russischen Motive ähnelt St. Peter und Paul mit der klaren kubischen Form seines einschiffigen Saales und seiner halbrunden, angeschobenen Apsis den um 1832 von Schinkel entworfenen Vorstadtkirchen. Neuartig erscheint lediglich der schmale, über das Gesims hinausreichende Turmriegel. Einzige Unterbrechungen der Fassadenfront sind die mit einer leichten hölzernen Vorhalle ausgestattete Rundbogentür sowie eine Fensterrose. Im Zentrum der Glockenarkaden erhebt sich der Turm, der in einer blattverzierten Zwiebelkuppel endet. Der helle, in lichten Farben gehaltene Innenraum mit Emporen und Flachdecke ist unverändert erhalten.

Etwa 100 Meter nordwestlich der Kirche befindet sich die heutige Gaststätte „Nikolskoe", die auf ein 1819 ebenfalls im russischen Stil erbautes Blockhaus zurückgeht. Friedrich Wilhelm III. ließ es für seine Tochter Charlotte und ihren Mann, den späteren Zaren Nikolaus I., errichten, doch betrieb der russische Kutscher der Prinzessin hier einen illegalen Ausschank. Der russische Ausdruck „Nikolskoe" bedeutet soviel wie „Nikolaus gehörend". Nach seiner beinahe vollständigen Zerstörung durch Brandstiftung wurde das massive, mit zahlreichen Verzierungen versehene Holzgebäude 1984 originalgetreu wiederaufgebaut.

Nikolskoer Weg, Zehlendorf, Bus A 16

Oberbaumbrücke | Berlin am Meer

Fast jeder hatte im geteilten Berlin einen Platz, wo er immer mal wieder dem schönen Gedanken nachhing: Was wäre, wenn ...?

Die Oberbaumbrücke war solch ein Ort, wo man vom West-Berliner Ufer der Spree sich gerne vorstellte: wie das wohl war, als hier noch Autos und die U-Bahn über den an dieser Stelle sehr breiten Fluß fuhren; wie das wohl war, als die mächtige Brücke in vollem Glanz erstrahlte und man unbehelligt auf der Mitte nord- und südwärts die Blicke hatte schweifen lassen können. Die Oberbaumbrücke ist die schönste, weil magischste aller Berliner Brücken, und sie verbindet Kreuzberg (Skalizer Straße) mit Friedrichshain (Warschauer Straße).

Seit 1724 befand sich hier eine hölzerne Zugbrücke, von der aus bei einbrechender Dunkelheit die als Zollstelle zwischen Berlin und Kölln fungierende Spreedurchfahrt durch einen abgehängten Baumstamm, den Oberbaum, gesperrt wurde, um zahlungsunwilligen Schiffern das Handwerk zu legen. Sein Gegenstück, der Unterbaum, lag am westlichen Ende des Schiffbauerdamms.

1894 bis 1896 wurde die einfache Holzbrücke durch eine der imposantesten Berliner Brückenanlagen nach Entwürfen von Otto Stahn ersetzt. Das mit reichem figürlichen Schmuck versehene, sieben Bögen umfassende Bauwerk verfügte neben dem Fahrdamm bereits über ein Viadukt für die 1902 eröffnete erste Berliner U-Bahnlinie zwischen Friedrichshain und Charlottenburg. Konnten die schweren kriegsbedingten Schäden den U-Bahn-Verkehr nur kurzzeitig lahmlegen, so bedeutete der Mauerbau 1961 einen jahrzehntelangen Stillstand. Die Brücke wurde lediglich als Grenzübergangsstelle für Fußgänger genutzt. Das Hochbahngleis wurde abgerissen, quer zum Brückeneingang errichtete man ein großes Abfertigungsgebäude. Nach dem Mauerfall beschränkte sich die Nutzung zunächst auf den Fußgängerverkehr, ehe die Oberbaumbrücke 1994 auch für den Autoverkehr freigegeben wurde. Und 1995 wurde die U-Bahn-Verbindung auf dem inzwischen rekonstruierten Bauwerk wieder in Betrieb genommen.

Nun ist alles wieder ,normal', die U-Bahn-Linie endet nicht mehr am Schlesischen Tor, sondern an der Warschauer Brücke. Wer sie wählt, hat ein kurzes, panoramatisches Vergnügen, besser ist der Weg zu Fuß rechter Hand vom Schlesischen Tor her kommend. Die Ausblicke sind atemberaubend: „Berlin am Meer". Nach Süden der Ost-Hafen mit den in Umbau befindlichen Speichern, den verblichenen Firmenschriften („Königstädtische-Dampf-Wasch-Anstalt"), Graffitis, den Treptowers, dem neuen Allianz-Hochhaus und Brofoskys „Molecule Men"-Großplastik mitten in der Spree, dem Riesenrad im Plänterwald. Nach Norden grüßen der allgegenwärtige Fernsehturm, zierlich bescheiden daneben das ,Rote Rathaus', das Forum Hotel, Kirchtürme, Schornsteine und vorne die alte, fast verschwundene Realität: Eastside Gallery als künstlerisch veredelter Restbestand der Mauer. Statt bedrohlicher Grenzboote der DDR grüßen schäbige Boote mit Freizeitanglern, träge Lastkähne, Ausflugsdampfer, schlichte Gummiboote und ein besonders schöner Himmel über Berlin.

Atemberaubende Ausblicke: Die Oberbaumbrücke

Der Rückweg sollte durch den kleinen pittoresken Skulpturenpark am Groebenufer führen, dicht an der Anlegestelle des Ausflugsdampfers „Sanssouci". Besonders im Herbst entfaltet dieses Kleinod neben dem pulsierenden Verkehrsstrom über die Brücke seinen zauberhaften Charme. Friedlich ist es, ganz anders als damals, wo Träume noch Schäume schienen ...

Zwischen Skalitzer Straße und Warschauer Straße, Kreuzberg/Friedrichshain, U Schlesisches Tor, U, S Warschauer Straße

6 Olympiastadion, Potsdamer Platz, Frohnau und mehr

WALTER MÜLLER

Viele Städte in Deutschland sind attraktiv, sind schön, aber keine Stadt ist so faszinierend wie Berlin. Und doch fällt es mir nicht schwer, auf Anhieb vier Lieblingsorte zu benennen: das Olympiastadion, den Potsdamer Platz, Mercedes-Benz am Salzufer und das beschauliche, grüne Frohnau.

Das Olympiastadion möchte ich mit einer schönen Frau vergleichen. Gleich in welcher Aufmachung, die Ausstrahlung ist hinreißend. Wenn ich ins weite Rund blicke, die leeren Ränge betrachte und bei nahezu absoluter Stille die Gedanken schweifen lasse, spüre ich eine kaum in Worte zu fassende Faszination. Dieses gewaltige Bauwerk strahlt Leben aus, es erfüllt. Und dann dieser unglaubliche Gänsehauteffekt, wenn Hertha BSC spielt und häufig bis zu 76.000 Menschen die Arena in einen Hexenkessel verwandeln. Diese riesige Begeisterung, diese ohrenbetäubenden Gefühlsausbrüche jubelnder Fans sind einfach überwältigend. Sie reißen jeden mit, ganz gleich ob Spitzenpolitiker, Wirtschaftskapitän, Kulturschaffender oder einfach enthusiastischer Fußballfan. Diese einmalige Atmosphäre und der Mythos dieses geschichtsträchtigen, aber mittlerweile sehr renovierungsbedürftigen Bauwerks bewegen mich auch als Präsident von Hertha BSC, die ins Auge gefaßte Sanierung und Modernisierung der Arena zu begleiten und mich im Interesse des Vereins dafür einzusetzen. Denn darauf möchten weder die unzähligen Hertha-Fans aus Berlin und dem Umland noch der Präsident verzichten!

Seit dem 1. April 1996 begleite ich als Mitglied des Beirates die Entstehung und Entwicklung des Potsdamer Platzes. Von den kreativen architektonischen Ansätzen der berühmten Baumeister und der Wiedergeburt des Stadtteils in der Mitte Berlins geht eine besondere Faszination aus. Urbanes Leben entfaltet sich an einer Stelle, wo vor zehn Jahren noch Niemandsland war. Menschlicher Geist und unternehmerischer Mut bringen etwas wirklich Großes hervor. Es ist schön, beim Aufbau unserer Hauptstadt dabeisein zu können.

Vergleichbares erlebe ich in der Mercedes-Welt unserer Niederlassung Berlin. Neben vielen Standorten in Berlin hält nun auch am Salzufer die neue Zeit Einzug. Kurz vor Weihnachten 1998 haben wir an der Keimzelle unserer Niederlassung Berlin mit dem Regierenden Bürgermeister Eberhard Diepgen und dem Vorsitzenden von Mercedes-Benz Deutschland, Eckhardt Panka, den Grundstein für das „Salzufer 2000" gelegt. Mit Wehmut habe ich den Abriß der alten Gebäude miterlebt, sehe aber jetzt mit Spannung ein Autohaus wachsen, das eine einzigartige Erlebniswelt für unsere Kunden und Freunde bieten wird. Einerseits verpflichten wir uns also mit diesem Standort der Tradition, andererseits sind wir Vorreiter auf dem Weg in eine neue Dimension von Dienstleistung und Faszination rund um das Auto. Im Frühjahr 2000 werden wir gemeinsam mit vielen Berlinerinnen und Berlinern das Tor zu dieser neuen Mercedes-Welt öffnen.

Verschnaufpause nach dem Sturm: Das Olympiastadion

Ganz im Gegensatz zu dem pulsierenden, aufregenden und vielfältigen Leben der Metropole Berlins steht der beschauliche und grüne Vorort Frohnau. Hier finde ich mit meiner Familie die Ruhe und Abgeschiedenheit, die Kraft gibt, um die große Herausforderung Berlin immer wieder aufs Neue bestehen zu können. Ehrenamt und Beruf haben so für mich noch einen besonderen Reiz: Sie ermöglichen es mir beinahe täglich, mich an meinen Lieblingsplätzen in dieser tollen Stadt aufzuhalten. Das ist ein Geschenk!

Olympiastadion: Olympischer Platz, Charlottenburg, U Olympia-Stadion (Ost), Potsdamer Platz: Tiergarten, S, U Potsdamer Platz, Salzufer: Tiergarten, U Ernst-Reuter-Platz, Frohnau, S Frohnau

Oranienburger Straße | Die Geile Meile

Längst quälen sich die Touristenbusse durch jene Straße, die einst Ausgangspunkt für die szenekulturelle Eroberung von Berlins Mitte war. Das pulsierende Nachtleben der Metropole will man sich nach den ‚Musts' des Tagesprogramms schließlich nicht entgehen lassen, und hier hat es seinen Ort, in der so trendigen Mischung aus Alt-Berlin, jüdischem Quartier, Szene, Kunst-Boheme, Verfall und einem Hauch Rotlichtmilieu. Hier finden sich zahlreiche Szenetreffs – Bars, Restaurants und Clubs –, die der Straße im ehemaligen Scheunenviertel ihr unverwechselbares Gesicht verleihen. Der sprichwörtliche Charme einer ‚geilen Meile' rührt daher, daß in den Abend- und Nachtstunden eine Armada ‚leichter Mädchen' die Bordsteine zwischen Krausnick- und Kleiner Präsidentenstraße säumen.

Das Publikum ist denkbar gemischt: Neben Bordsteinschwalben, Nighthawks und Szene-Surfern unterschiedlicher Altersgruppen zählen seit einigen Jahren zum Leidwesen vieler Ansässiger auch leicht identifizierbare Touristen zum festen Inventar der ‚Oranienburger'. Zwischen der schauerromantischen Ruine des Anfang der neunziger Jahre besetzten Kunsthauses Tacheles und der verwirrenden Vielfalt des öffentlichen Lebens rund um den Hackeschen Markt verspürt der Ortsfremde jenen angenehmen Schauer, der vom Verruchten – oder zumindest Anrüchigen – ausgeht.

Das Tacheles (jiddische Bezeichnung für ‚Klartext reden') befindet sich in der Ruine des 1907 bis 1909 nach Plänen von Franz Ahrens erbauten Passagen-Kaufhauses, der sogenannten Friedrichstadtpassage, die zu Beginn des Jahrhunderts die Oranienburger- mit der Friedrichstraße im Johannisviertel verband. Heute vereinigt das Gebäude als eine Art Gesamtkunstwerk auf etwa 6.000 Quadratmeter nutzbarer Fläche 25 Ateliers, einen riesigen Theatersaal, ein Programmkino, diverse Werkstätten und das Lokal „Zapata" im Erdgeschoß. Die Freifläche hinter dem Tacheles wurde 1993 in einen sich ständig verändernden Skulpturenpark umfunktioniert.

An der Ecke Tucholskystraße steht mit dem 1875 bis 1881 erbauten Postfuhramt ein repräsentatives Backsteingebäude, dessen zukünftige Nutzung noch ungeklärt ist und das einstweilen für temporäre Kunstausstellungen genutzt wird. Weithin sichtbar: die 1859 bis 1866 nach Plänen von Eduard Knoblauch im orientalischen Stil erbaute, 1995 restaurierte Neue Synagoge mit ihrer goldenen Kuppel.

Überraschende Einblicke offerieren auch die schön restaurierten Heckmann-Höfe, die zugleich Durchgang zur Auguststraße sind. Gegenüber des ehemaligen Haupttelegraphenamtes findet sich mit den Kunsthöfen ein typisches Beispiel der Berliner Mischung von Gewerbenutzung und Wohnungen. Die 1840 und 1866 in zwei Etappen erbaute spätklassizistische Anlage bietet seit Abschluß der Restaurierungsarbeiten 1991 Raum für diverse Kunst- und Kultureinrichtungen. Das skurrile Café „Silberstein“ nebenan steht in der Tradition eines gleichnamigen Lokals von 1910.

Szene, Touristen, jüdisches Flair: Die Oranienburger Straße

Zwischen Monbijoupark und Hackeschem Markt wird die Oranienburger Straße mit einemmal zu einer schmalen, engen und dennoch sehr belebten Geschäftsstraße, in der sich neben Gastronomiebetrieben und Modedesignern auch eine Reihe von Clubs angesiedelt haben. Einige der niedrigen Gebäude sind zwar inzwischen restauriert, doch vermittelt sich in der wuseligen Atmosphäre der Straße noch immer ein Eindruck vom historischen Erscheinungsbild der Spandauer Vorstadt, dem ältesten in Struktur und Bausubstanz erhaltenen Quartier Berlins.

Zwischen Oranienburger Platz und Hackeschem Markt, S Oranienburger Straße, Hackescher Markt, U Oranienburger Tor

Pankow | Ohne Sonderzug

INGOLF KERN

Pankow, das klang für West-Ohren irgendwie nie gut. Vor allem wenn Konrad Adenauer die „Machthaber von Pankoff" auf der rheinischen Zunge filetierte, dann hörte sich das rot, russisch und verdammt rabiat an. Heute erschrickt in West-Berlin niemand mehr vor diesem grünen, eigentlich unschuldigen Zipfel Nord-Berlin. Der Lindenbergsche Sonderzug braucht keine Kohlen mehr und liegt auf dem Müllhaufen der Geschichte. Die Pankower ärgern sich, wenn ihr Bezirk auf das real existierende ‚Bonzograd' der Piecks, Ulbrichts und Honeckers reduziert wird. Man konnte schließlich nichts für diese unerfreulichen Bewohner, die nach dem Krieg den kompletten Majakowskiring okkupierten, der daraufhin ‚Städtchen' genannt wurde. Zehn Jahre nach dem Fall der Mauer sind die Politbürokraten – bis auf Krenz – zwar verschwunden, doch noch immern herrscht bleierne Übergangszeit. Und die kennt beim Bäcker viele Gesichter. Verbitterte, wache, kluge, hoffnungsfrohe. Der Osten will nicht in die Kiste springen und hat in der PDS ein ideologisches Strahlenschwert gegen die unbekümmerte ‚Neue Mitte'. Doch gerade die schwingt hier die dicksten Pinsel des Aufschwungs.

Zwischen Amalienpark und Schloß Niederschönhausen scheint wieder ein Ort wie nach der Jahrhundertwende zu entstehen, als die vornehmen Herrschaften aus der Stadt im grünen Pankow ihre sommerfrischen Villen zimmerten. Große, luftige Zimmer mit Fenstern zum Park. Das schöne alte Hohenzollernschloß, in dem die verschmähte Gattin des Alten Fritzen, Elisabeth Christine, 55 Sommer zubrachte und wo später die DDR ihre Staatsgäste zur Nacht bettete, ganz in der Nähe. Ein Ort auch als Chiffre für geistig fruchtbaren Boden. Christa Wolf, Christoph Hein, Volker Braun, Jens Reich – geliebte, verehrte Stimmen des Ostens. Die LiteraturWerkstatt im einstigen Wohnhaus Grotewohls ist das geistige Herz des neuen Pankow und Heimat mancher Gesprächskreise, die sich hier treffen, um mit philosophischem und politischem Geschick der Neuzeit die Maske vom

Gesicht zu reißen. Pankow, der intellektuelle Schmelztiegel. Seit Ossietzky, Fallada und Arnold Zweig.

Reine Idylle mag zwar den geistvollen Asketen befrieden, die Hedonisten von einst jedoch würden sich hier ein wenig verschaukelt vorkommen. Um es kurz zu sagen: es ist wenig los hier oben. Junge Leute maulen zurecht und schaukeln mit Bahn oder Bus lieber nach Prenzlauer Berg oder Friedrichshain. Es mangelt an Restaurants, Cafés und wirklich guten Geschäften. In der Breiten Straße, der Magistrale, sieht es manchmal immer noch so aus, als wäre wieder Wendezeit und ausgeschlafene Westgermanen auf dem Weg, vertrottelte Ossis übers Ohr zu hauen. Wie Schilda mutet an, da? ausgerechnet einer der in kreativer Hinsicht potentesten Bezirke seit Jahren Theater in einer Blechbüchse spielt. Wenn Pankow nicht vergreisen will, muß es mehr bieten als abgezogene Dielen, Stuck und saubere Parkwege. Vor allem lebenswerter werden. Wenn das in den Köpfen der Kommunalpolitiker einrastet, wird vielleicht auch endlich die „letzte stalinistische Mauer“ (Pankows Ex-Bürgermeister Jörg Richter) fallen, die noch immer das Schloß vom Park trennt.

Zwischen Ossietzkystraße, Wolfshagener straße, Amalienpark und Breiter Straße; S Pankow

Pariser Platz und Brandenburger Tor | Der Salon von Berlin

Jede Stadt hat ihre ‚Gute Stube', in Berlin heißt sie Pariser Platz. 1732 bis 1734 als Teil der barocken Stadterweiterung angelegt und 1814 anläßlich der Eroberung der französischen Hauptstadt durch die preußisch-alliierten Truppen mit seinem heutigen Namen ausgestattet, hat der Pariser Platz nach zahlreichen historisch bedingten Veränderungen am Ende des 20. Jahrhunderts seine ehemals quadratische Form wie auch seine ursprünglichen Dimensionen zurückerhalten. Die Botschaften der Vereinigten Staaten und Frankreichs, das legendäre Hotel Adlon, die Akademie der Künste wie auch die Häuser Sommer und Liebermann, die traditionell ihren Standort im ‚Salon von Berlin' hatten, sind heute wieder hier präsent, nachdem zunächst die wilhelminische Platzbegrünung nach dem Entwurf von Wilhelm Mächtig wiederhergestellt wurde. Zwar ging es in den neunziger Jahren nicht darum, historische Vorbilder exakt zu kopieren, die kritische Rekonstruktion vermittelt jedoch einen verläßlichen Eindruck von der städtebaulichen Intention der Platzgestaltung.

Berlins Gute Stube:
Pariser Platz mit Brandenburger Tor

Das wohl populärste architektonische Wahrzeichen der deutschen Hauptstadt, das Brandenburger Tor, schließt den Boulevard Unter den Linden nach Westen hin ab. 1788 bis 1791 nach Plänen von Carl Gotthard Langhans errichtet, läßt sich der frühklassizistische Repräsentationsbau heute zu Fuß, per Rad und manchmal auch per Taxi durchmessen. Zu Zeiten der Berliner Mauer galt das Tor, inmitten des ‚Todesstreifens' gelegen, als das Symbol der deutschen Teilung. Das einzige erhaltene Stadttor der letzten Berliner Stadtmauer ist von einer 1794 entstandenen Quadriga Johann Gottfried Schadows bekrönt, die in den zurückliegenden 200 Jahren mehrfach entfernt oder gedreht wurde und heute wieder in ihre urprüngliche Richtung, gen Osten, blickt.

Ein wahres Prachtstück ist das 1907 eröffnete Hotel Adlon. Es wurde im Zweiten Weltkrieg zerstört und 1997 – etwas länger und höher als das Original – wiederaufgebaut. Zeit seines Bestehens galt das Adlon als die unangefochtene Nr.1 der Berliner Grand-Hotels, sein moderner Komfort sei damals „von keinem Hotel der Welt erreicht" worden. Ein Muß für Flaneure ist die mondän-luxuriöse Empfangshalle. Gleich nebenan entsteht zwischen Pariser Platz und Behrenstraße der Neubau der Akademie der Künste nach Plänen des Architekten Günther Behnisch, der als Reminiszenz an die historische Fassade eine transparente Glasfront entworfen hat.

Ab Mitte des 19. Jahrhunderts, als die barocke Bebauung in klassizistischem Stil vereinheitlicht wurde, bildete der Pariser Platz ein bürgerliches Gegenstück zur monarchischen Prachtentfaltung rund um den Schloßplatz. In Anschauung nehmen läßt sich das an den großbürgerlichen Stadtvillen Liebermann und Sommer, die das Brandenburger Tor rechts und links flankieren. Bis 1943 war das viergeschossige Haus Liebermann ein Treffpunkt der geistigen Elite Berlins. Das nach dem Maler und langjährigen Akademiepräsidenten Max Liebermann benannte Gebäude war 1844 bis 1846 nach Plänen Friedrich August Stülers erbaut worden. Wie das benachbarte Haus Sommer wurde es nach seiner vollständigen Zerstörung im Zweiten Weltkrieg 1996/97 durch Joseph Paul Kleihues rekonstruiert.

Es ist schwer, den schönsten Beobachtungsposten am Platz zu finden, von dem aus sich die „vergangene Zukunft" am nachhaltigsten erschließt. Vielleicht hilft eine alte Theaterweisheit, nach der der langweiligste Punkt die Bühnenmitte ist. Also richte der ruhende Flaneur seine schweifenden Blicke aus einer Eckposition auf den Pariser Platz, am besten vom Restaurant „Theodor Tucher" aus. Wem das nicht genügt, der lasse sich von der Dresdner Bank, der Bankgesellschaft Berlin oder demnächst der DG-Bank zu einem Empfang einladen. Von oben sieht sich's bekanntlich am schönsten.

Pariser Platz, Mitte, S Unter den Linden

Paul-Lincke-Ufer | Unterhaltsamer als jede Fernsehshow

IRENE MOESSINGER

Ich bin passionierte Kreuzbergerin. So sehr mich Berlin-Mitte oder Friedrichshain reizen, bleibe ich doch Kreuzberg treu, da Kreuzberg für mich der facettenreichste Bezirk Berlins ist und er mich als einziger an Großstädte wie London oder New York erinnert.

Habe ich Lust zu verreisen – und das Leben, das ich führe, gibt mir dafür weder Raum noch Zeit – gehe ich aus meiner Wohnung am Paul-Lincke-Ufer ein paar Straßen weiter und bin zu Besuch in der Türkei. Die besten Geburtstagsgeschenke für Jung und Alt finde ich in Türkentrash-Läden und das leckerste Chicken Kebab der Stadt bekommt man in der Mariannenstraße, kurz vor dem Paul-Lincke-Ufer, wo Kreuzberg international wird.

Dem Paul-Lincke-Ufer gehört meine Liebe, seitdem ich ein bewußtes Leben in Berlin führe. Wunderschöne alte Bürgerhäuser säumen das Ufergelände. Wer hier eine abgefahren ausgebaute Dachgeschoßwohnung ergattert hat, kann sich glücklich schätzen, ich eingeschlossen. Was Kreuzberg einzigartig macht, ist das Nebeneinander verschiedener Völker und Szenen, wobei die Eigenheiten jeder Kultur sich entwickeln und ihren Raum finden konnten. Das spiegelt sich tagein tagaus an der Promenade des Paul-Lincke-Ufers wider. Unter den wunderschönen Trauerweiden gegenüber der „Ankerklause“ sitzt meist eine Gruppe Obdachloser und Freaks inmitten einer perfekt eingerichteten Campingausrüstung und veranstaltet ein Marathonpicknick mit Bier und Pommes. Die Stimmung ist gut, und Hunde aller Couleur dösen vor sich hin. Ein paar Schritte weiter riecht es plötzlich stark nach Haschisch. Der eindringliche Geruch stammt von einer Gruppe junger Türken, die den Joint kreisen lassen. Besonders am späten Nachmittag, wenn die Abendsonne das schönste Licht hervorzaubert, sind alle Bänke besetzt mit den unterschiedlichsten Menschen: Moderne junge Leute mit schrägen Designerklamotten und schrillen Frisuren unterhalten sich, lesen etwas oder lassen sich einfach die Sonne ins Gesicht scheinen. Unzählige Türkenmamis mit bunten Kopftüchern und langen Röcken passen auf, daß ihre Kinder und Enkel nicht von fundamentalistischen Fahrradfahrern umgefahren werden, fleißige Studenten, mit und ohne Laptop, die an ihrer Diplomarbeit arbeiten und sich von den laut wetteifernden Boulespielern nicht stören lassen.

Multikulturelles Kreuzberg: Das Paul-Lincke-Ufer in SO 36

Ein Gang am Paul-Lincke-Ufer, von der Kottbusser Brücke bis zum Park am Stichkanal zur Spree ist unterhaltsamer als jede Fernsehshow. Wenn ich mich abends dann in eine der Gartenkneipen setze, denke ich unwillkürlich daran, was ich in den letzten 30 Jahren schon alles auf dieser Meile erlebt habe. Da, wo früher österreichische Küche im Restaurant „Exil“ serviert wurde und die 68er sich ihre Köpfe heiß diskutierten, sitzen jetzt freundliche, schicke Studenten (und auch Nichtstudenten), meist schöne Menschen, die sich ihres Lebens freuen und spanisch zu Abend essen. Daneben ist das deutsch-türkische Szenelokal „Ma Rossa. An lauen Sommerabenden schlägt man sich dort um jeden freien Tisch. Früher haben wir hier bei „Werner“ für 5,50 DM zu Mittag gegessen – Graupensuppe, Königsberger Klopse und Pflaumenkompott – im „Café am Ufer“, ehemals „Morgenrot“, wo ich mir vor 20 Jahren die Nächte um die Ohren getanzt habe, treffe ich mich heute gerne zum Frühstück. Das Paul-Lincke-Ufer ist für mich ein Stück Leben, das mir sehr vertraut und ans Herz gewachsen ist. Ich bin richtig glücklich, hier zu wohnen und am vibrierenden Leben teilzuhaben.

Zwischen Kottbusser Brücke und Glogauer Straße, Kreuzberg, U Schönleinstraße

Pfaueninsel | Landschaftspark mit Schlößchen

In den sechziger Jahren spukten hier die zwielichtigen Gestalten der zahllosen Edgar-Wallace-Filme durch den falschen englischen Nebel. Denn die Insel mit ihren diversen historischen Gebäuden schien wie aus dem Bilderbuch der Schauerromantik entsprungen und für allerlei faulen Zauber aus der Geschichte prädestiniert. Was sich bei Lichte betrachtet als idyllisches Kleinod dem entzückten Blick darbietet, mutet in der Nacht und aus der Ferne wie eine Fatamorgana aus längst versunkener Zeit an. Die Rede ist von der Pfaueninsel und damit von einer wahren Schönheit Berlins.

Die 76 Hektar große Pfaueninsel ist eine als Landschaftspark mit Schlößchen gestaltete Insel im südlichen Lauf der Havel. Ihr erstmals 1680 erwähnter Name („Pfauenwerder“) bezieht sich nicht auf den Vogel, der erst ab 1797 hier angesiedelt wurde, sondern geht auf das

mittelniederdeutsche Wort für Pferd (page) zurück. Unter dem Großen Kurfürsten (1640-1688) hieß die malerische Insel wegen der hier betriebenen Hasenzucht etwas weniger poetisch als heute „Kaninchenwerder".
Im Jahr 1685 siedelte der Große Kurfürst den durch die Herstellung von Rubinglas berühmt gewordenen Alchimisten Johann Kunckel von Löwenstern (1638-1703), an den heute ein Gedenkstein am Südufer erinnert, auf der Insel an; Friedrich Wilhelm I. schenkte sie 1734 dem Potsdamer Waisenhaus. Sein Nachfolger Friedrich Wilhelm II. kaufte die Insel zurück, um sie als Ausflugsziel für gemeinsame Bootsfahrten mit seiner Geliebten Wilhelmine Encke (der späteren Gräfin Lichtenau) zu nutzen und damit ihrer heutigen Bestimmung ein wenig näherzubringen.

Als Teil der gestalteten Landschaft im Umfeld der Stadt Potsdam repräsentiert die Pfaueninsel ein abgelegenes, romantisches Eiland, das bis auf den westlichen Abschnitt um das1794 bis 1797 erbaute Schlößchen und den nordöstlichen Teil um die Meierei in seinem ursprünglichen Eichenwaldbewuchs erhalten ist. Um den Gedanken der zeitlichen und räumlichen Entfernung zu unterstreichen, wurde das Schlößchen mit seiner Schaufassade in Richtung Potsdam als „verfallenes römisches Landhaus", die 1795 erbaute Meierei dagegen als „eingefallenes gotisches Kloster" gestaltet. Beide Gebäude sind mit ihrer reichhaltigen Originalausstattung erhalten.

Die gartenkünstlerische Gestaltung des gesamten Geländes nach einem einheitlichen Konzept geht auf Friedrich Wilhelm III. zurück, der große Teile des Waldes für landwirtschaftliche Versuche roden ließ und 1821 Peter Joseph Lenné mit der Anlage eines Landschaftsgartens im englischen Stil beauftragte. Dabei wurde die Insel mit einem System verschlungener Wege überzogen, die in Verbindung mit der Modellierung des Bodenreliefs zahlreiche kalkulierte Ausblicke auf Gebäude und Naturschönheiten bieten: Am Havelufer südlich der Pfaueninsel wurden als externe Blickpunkte 1819 das Blockhaus Nikolskoe für den späteren Zaren Nikolaus I. und die ebenfalls im russischen Stil gestaltete Kirche St. Peter und Paul errichtet. Zudem wurde eine Vielzahl exotischer Tiere zu Züchtungszwecken in eigens erbauten Häusern und Gehegen auf der Insel angesiedelt. Durch Zukäufe und Schenkungen entstand mit der Zeit ein regelrechter zoologischer Garten mit Affenhaus, Bärengrube, Fasanerie, Voliere, Büffelstall und Biberbau, dessen Bestand allerdings 1845 unter Friedrich Wilhelm IV. als Grundstock des ein Jahr zuvor gegründeten Zoologischen Gartens nach Berlin überführt wurde. Etwa 100 frei auf der Insel lebende Pfauen sind das Überbleibsel dieser ehemaligen Menagerie, deren Auflösung die Attraktivität der Pfaueninsel erheblich schmälerte.

Neben Tieren wurden unter Friedrich Wilhelm IV. auch seltene Pflanzen gesammelt. Man pflanzte ausländische Bäume, 1821 konnte eine Rosensammlung, 1830 sogar eine Sammlung von Palmen erworben werden, für die Albert Dietrich Schadow 1829 bis 1831 ein indisches Palmenhaus errichtete, das allerdings 1880 abbrannte. Noch heute werden in den Garten- und Beetanlagen alte Bepflanzungsarten erprobt. Seit 1924 steht die Pfaueninsel, die unter Verwaltung der Stiftung Preußische Schlösser und Gärten Berlin-Brandenburg steht und über einen Fährbetrieb erschlossen ist, unter Naturschutz.
Am schönsten ist's hier die Woche über, an einem sonnigen Tag allein mit den Pfauen und vielleicht einem Edgar Wallace in der Hand auf einer stillen Bank ...

Im südlichen Havellauf, Zehlendorf, Bus 316, Fähre

Potsdamer Platz | Business im Großbauland

HERWIG E. HAASE

Von meinem Arbeitszimmer aus beobachte ich fast täglich sein Wachsen und Werden. Nirgendwo in der Welt habe ich so viele Kräne stehen sehen wie auf der Großbaustelle Potsdamer Platz. Ich habe sie noch nie gezählt, das finde ich nicht wichtig. Interessanter erscheinen mir die Beton- und Stahlskelette, die Woche für Woche wie Bäume aus dem Boden wachsen, Gestalt annehmen, ein Gesicht bekommen.

Was hat man sich vor zehn Jahren um diese zukunftsweisende Architektur gestritten. Heute blitzen die verspiegelten Fassaden der visionären Bauten von Sony und Daimler Benz in der Sonne: Ein eigener kleiner Kosmos ist auf dem zu Zeiten der Berliner Mauer öden Gelände entstanden.

Es ist gut, daß die Wirtschaft gleich nach der Wende mit der Erschließung des Potsdamer Platzes begonnen und ein greifbares Zeichen gesetzt hat. Unbeirrbar, trotz der vielen Spekulationen um die Kosten und trotz der schädlichen Diskussion um den Umzug der Bundesregierung von Bonn nach Berlin.

Das Chaos lieben lernen: Der Potsdamer Platz

Dieser Baustellenmoloch in der Mitte der Stadt ist mir richtig ans Herz gewachsen. Ich liebe sein Chaos, das kein Chaos ist, sondern ein fein ausgeklügeltes und in Europa wohl einzigartiges Baustellen-Logistik-System. Der Baulärm, der bis in mein Arbeitszimmer dringt, macht mir nichts aus. Auch an das Flutlicht, das mir bei Abendterminen in meinem Büro in das Fenster scheint, habe ich mich gewöhnt. Im Gegenteil: Das Rattern, Hämmern, Bohren, Bummern und Wuseln wird mir fehlen, wenn mich mein Weg nicht mehr täglich in das schöne und geschichtsträchtige Gebäude des ehemaligen Preußischen Landtags führt ...

Der Potsdamer Platz ist mein Lieblingsplatz im Neuen Berlin. Er ist zu meinem Symbol des neuen, geschäftstüchtigen, internationalen Berlin geworden. Zwischen Geschäften, Büros, Kinos, Cafés und Restaurants wird wohl wieder ähnlich viel los sein, wie in den zwanziger Jahren unseres Jahrhunderts, als dieser Platz ein Verkehrsknotenpunkt der Stadt war.

Wenn ich aus meinem Arbeitszimmer auf die neue Skyline unserer Metropole schaue, ist mir um die Stadt nicht bange. Denn Berlin wächst in die neue und doch so alte Rolle der Hauptstadt des vereinten Deutschlands – vergleichbar mit Paris, London und New York!

Tiergarten, S, U Potsdamer Platz, U Mendelsohn-Bartholdy-Park

Ein Hof am Potsdamer Platz

PETER STRIEDER

Wenn geschäftiges Treiben, Passantengedränge, Busse und Taxen zu den untrüglichen Zeichen eines pulsierenden Stadtzentrums gehören, dann hat es der Potsdamer Platz schon jetzt geschafft. Zu Jahresbeginn wurde die Eroberung dieser mythenbeladenen Brache des Kalten Krieges für Berlin gefeiert, und über die urbanen Schlagadern wird der Platz seitdem mit dem Lebenselexier der großen Stadt versorgt: Flaneuren, Touristen, Verkehr, den immer noch zahlreichen Bauarbeitern, Handwerkern und Geschäftsleuten im edlen Zwirn. Auffällig ist, daß viele Passanten feingemacht sind – ein Besuch hier ist kein zufälliges Vorbeikommen, sondern immer noch etwas Besonderes.

Der Potsdamer Platz ist im Werden – er wird zu einem Ort, der in seiner Funktionsvielfalt die Ideale der europäischen Stadt zeitgenössisch zum Ausdruck bringt. Mit den Geschäften, Büros, Theatern und Kinos, den Cafés und Restaurants, der nahen Museumslandschaft des Kulturforums, der Philharmonie und dem Kammermusiksaal sind hier die sozialen, kulturellen und wirtschaftlichen Attribute der Großstadtvitalität fokussiert, die Menschen anziehen. Das ist jetzt schon spürbar, allen Unkenrufen zum Trotz.

Sicher, noch zehren Baustellenlärm und Verkehrsstaus an den Nerven der Passanten. Dieser sinnlichen Zumutung einer entstehenden Stadtmitte kann man auch hier, inmitten des Brausens, entfliehen und Ruhe finden. Wer den Passantenstrom durch die alte Potsdamer Straße in Richtung Marlene-Dietrich-Platz verläßt und rechterhand die schmalen, sich verjüngenden Stufen in der terrakotta-braunen Fassade des Renzo-Piano-Hauses emporsteigt, wird merken, wie das Tosen nachläßt. Die gewinkelte Treppe führt zu einem Hof, in dem Bänke unter Bäumen stehen, mediterranes Immergrün die Fläche säumt und nicht mehr viel an die Menschenmengen, das Geklingel und den Baulärm erinnert. Ganz plötzlich Entspannung, Durchatmen, einfach nur Sitzen. Die Aufgeregtheit des öffentlichen Lebens bleibt auf Distanz. War man vor einer Minute noch inmitten des Metropolentrubels, so blickt man jetzt auf Balkone, auf denen Handtücher zum Trocknen hängen. Geschirrklappern ist zu hören, ganz fern ein Radio. Ein Sandkasten befindet sich vor den Bänken, es gibt gekachelte Spielfelder für Schach und Mühle, in den Lorbeerbüschen raschelt ein Vogel. Man blickt auf die glatten Dächer des Hyatt-Hotels und der Staatsbibliothek, die die Sonne spiegeln. Die Bäume sind noch jung, doch ein wenig Schatten vermögen sie schon zu spenden. Fast italienisch.

Dieses Refugium erfüllt in der Tat alle Anforderungen an einen Lieblingsplatz, jedoch gebricht es ihm an Prominenz und Besonderheit. Dieser Lieblingsplatz hat keinen Namen, er ist kein spektakuläres Bellavista, sondern eigentlich ein Hinterhof, nicht umgeben von öffentlichen Gebäuden oder Gastronomie, sondern von Wohnungen.

An warmen Abenden sitzen hier vielleicht die Nachbarn, aus den Fenstern wehen die Geräusche und Gerüche der Intimität des Wohnens, während sich nur ein paar Meter weiter die Kraft einer europäischen Metropole im öffentlichen Raum Bahn bricht. Wahrscheinlich ist es dieses kontrastierende und einander bedingende Nebeneinander von Ruhe und Betriebsamkeit, von Öffentlichkeit und Privatheit, das aus diesem kleinen, ruhigen Geviert inmitten der urbanen Dynamik Berlins einen Lieblingsplatz werden läßt. Die schöne Spannung des Großstadtlebens.

Tiergarten, S, U Potsdamer Platz, U Mendelsohn-Bartholdy-Park

Pratergarten | Spaß in allen Lebenslagen

Auch die Szene hat und liebt ihre Biergärten. Was im 19. Jahrhundert den einfachen (oder kleinen) Leuten „Kroll's Etablissement" mit Bier und Schmalzstullen-Theater war, ist heute den Volksbühnen-Anhängern zwischen Kreuzberg und Prenzlauer Berg der Prater: Spaß in allen Lebenslagen.

Der „Prater", seit 1995 zweite Spielstätte der Volksbühne am Rosa-Luxemburg-Platz, ist Berlins ältester Biergarten. Seit 1837 werden in der Kastanienallee Bier und Kaffee ausgeschenkt. Das Veranstaltungsprogramm orientiert sich an den Besonderheiten der Gesamtanlage: Um das zentrale Theatergebäude herum befindet sich der Pratergarten mit Freilichtbühne, der Biergartenbetrieb für ca. 1.600 Gäste mit 1857 erbautem Restaurant im typischen Berliner Rundbogenstil, diversen Wirtschaftsgebäuden und einer kleinen Nachtbar.

1852 begann der Aufstieg des Etablissements zur Freizeit- und Vergnügungsstätte, die seit 1867 ihren – in ironischer Anspielung an den großen Wiener Rummelplatz gewählten – Namen trägt. Der damalige Besitzer, ein Kaffeehausbetreiber namens Kalbo, ließ Soubretten auftreten und verlieh dem Lokal sein Mischprofil als Kneipe, Ausflugslokal, Varieté, Volkstheater, Ballsaal und politischer Versammlungsort, der ab 1891 – wie die „Neue Welt" an der Hasenheide – zu den jährlichen Austragungsorten der Mai-Feierlichkeiten gehörte und darüber hinaus als Versammlungsstätte für politische Kundgebungen genutzt wurde. Ebenso gemischt war das Publikum: kleine Kaufleute und Beamte, Dienstmädchen, ehrbare Familien, Arbeiter und Militärs.

Der „Prater", Berlins ältester Biergarten: Schwoof und Tingeltangel für die Szene

1902 beantragte Martha Kalbo, Witwe des dritten Besitzers, eine Konzession für „mehraktige Schauspiele des klassischen Repertoires" und baute drei Jahre später ein eigenes Theater. Mit der Einführung des Films hielt das neue Medium Einzug im „Prater": Hans Albers und Rudolf Platte waren zu Gast; noch 1935 dirigierte Paul Lincke sein großes Orchester im Garten, ehe der Berliner „Prater" zu Kriegsbeginn seinen Betrieb einstellen mußte. Von den Bombenangriffen des Zweiten Weltkriegs beinahe unberührt, traten auf Verordnung der sowjetischen Militäradministration bereits im Sommer 1945 die ersten Tänzerinnen und Musikclowns im Prater auf. Bereits 1946 bezog die Volksbühne die Räumlichkeiten in der Kastanienallee, da ihr stark beschädigtes Stammhaus am heutigen Rosa-Luxemburg-Platz zunächst instandgesetzt werden mußte. 1967 ernannte die Stadtverordnetenversammlung Prenzlauer Berg den „Prater" zum Kreiskulturhaus. Bis zur Wende wechselten sich die berühmte „Sonntagsmelodie“, Tanztees und Töpferzirkel ab, ehe sich der Bezirk 1994 für eine Übergabe des Etablissements an die von Frank Castorf geleitete Volksbühne entschied.

Über ihren regulären Spielbetrieb im Zuschauerraum und auf der Hinterbühne hinaus veranstaltet die Volksbühne im „Prater“ jährliche Großspektakel, Ausstellungen, Performances, Konzerte, Filmvorführungen und interdisziplinäre Projekte, die das Gesamtgelände erschließen. Eigene Inszenierungen im Saal realisierten neben zahlreichen Regisseuren der nachwachsenden Generation u.a. Frank Castorf, Johann Kresnik, Christoph Marthaler, Christoph Schlingensief und Ruedi Häusermann. Was ihr wollt und wie es euch gefällt...

Kastanienallee 7-9, Prenzlauer Berg, U Eberswalder Straße

Reichstag | Im Fokus der Geschichte

Berlin hat neben dem Brandenburger Tor nun ein zweites touristisches ‚Muß'. Daß der Reichstag die Massen nicht nur aus der Ferne, sondern auch aus der Hauptstadt selbst so in seinen Bann, das heißt in sein völlig neugestaltetes Inneres ziehen würde, hatte kaum einer gedacht. Christos und Jeanne Claudes spektakulärer „Wrapped Reichstag“ zog Hunderttausende vor das alte Parlamentsgebäude, jetzt strömen die Neugierigen ins Haus und vor allem in die gläserne Kuppel und auf die Dachterrasse. Alle sind begeistert, finden diese Form transparenter Demokratie interessant und anziehend. Und deshalb geht kein Weg vorbei am Reichstag: Nie war Sonnenbaden, Panoramablick auf die Stadt à la Eduard Gaertner bei Kaffee und Kuchen und Parlamentarier-

erschauen schöner als hier.

Es gibt nur wenige Gebäude, die derart im Blick der Öffentlichkeit stehen und dabei die Spuren geschichtlicher Verläufe dokumentieren, wie das Reichstagsgebäude am Platz der Republik, das 1884 bis 1894 nach Plänen des Frankfurter Architekten Paul Wallot entstand. Der Bau eines angemessenen Gebäudes für den Deutschen Reichstag war mit der Gründung des Deutschen Reichs im Jahr 1871 notwendig geworden, doch gingen der Entscheidung zugunsten des Standorts südöstlich des Spreebogens wie auch des ausführenden Architekten langwierige Auseinandersetzungen um den zukünftigen Sitz der Volksvertretung voraus. Auch Wallot selbst mußte seinen im zweiten Wettbewerb siegreichen Entwurf mehrfach überarbeiten. So war ursprünglich etwa eine hohe Sandsteinkuppel über dem Sitzungssaal anstelle der schließlich realisierten, 16 Meter hohen Kuppel aus Glas und Stahl vorgesehen. Wilhelm II., in dessen Regierungszeit die Fertigstellung des Reichstagsgebäudes fiel, konnte zunächst auch seine Bedenken gegenüber der 16 Meter langen, 60 Zentimeter hohen, von Peter Behrens gestalteten Inschrift „Dem Deutschen Volke“ durchsetzen, die erst 1916 angebracht wurde.

Glas, Stahl, Durchblick: Der neue Reichstag

Nach zehnjähriger Bauzeit konnte das sechsgeschossige, im Stil der italienischen Renaissance errichtete Gebäude am 5. Dezember 1894 feierlich eingeweiht werden. In der Folgezeit entwickelte es sich als bauliches Symbol des parlamentarischen Systems zu einem exponierten Schauplatz politischer Ereignisse: Der sozialdemokratische Abgeordnete Philipp Scheidemann rief am 9. November 1918 von einem Fenster die Republik aus. Heftige Auseinandersetzungen zwischen Kommunisten und Nationalsozialisten gingen während der Weimarer Republik mit dem öffentlichen Votum für einen Abriß des symbolbeladenen Gebäudes einher. Am 27. Februar 1933 fielen Teile des Reichstags dem bis heute unaufgeklärten ‚Reichstagsbrand' zum Opfer. Ab 1935 nutzte die NS-Regierung das Haus nur noch zur Vorführung von Propagandafilmen, im Zuge der Umbauplanungen zur Reichshauptstadt ‚Germania' sollte es ganz beseitigt werden.

Den Sowjets galt der Reichstag als Symbol der Nazi-Diktatur und mithin als wichtige ‚Trophäe', deren Einnahme bei Kriegsende durch das Aufpflanzen der roten Fahne symbolisch vollzogen wurde. 1961 bis 1971 baute man das Haus, das 1950 in die Verwaltung des Bundes übergegangen war, in vereinfachter Form wieder auf. Eine parlamentarische Nutzung war jedoch durch ein Verbot der Alliierten nicht möglich. Zudem hatte der Verzicht auf den Wiederaufbau der im Krieg beschädigten, 1954 gesprengten Kuppel und des Figurenschmucks im Dachbereich das Erscheinungsbild des Gebäudes, das auch im Innern grundlegend umgestaltet worden war, stark beeinträchtigt.

Erst nach der Wende beschloß der Deutsche Bundestag, das Gebäude als seinen zukünftigen Sitz auszubauen. Vor Beginn der Umbauarbeiten nach Plänen des Briten Sir Norman Foster – der den Reichstag u.a. wieder mit einer modernen, begehbaren Glas- und Stahlkuppel ausstattete, die wie die öffentlich zugängliche Dachterrasse einen herrlichen Ausblick über die Stadt ermöglicht – wurde im Juni 1995 für zwei Wochen eines der größten Kunstspektakel Europas realisiert: die lange geplante Verhüllung des Reichstags durch Christo und Jeanne-Claude; eine imposante künstlerische Auseinandersetzung mit Symbolik und Geschichte dieses Hauses an der Nahtstelle der beiden Stadthälften, die von über fünf Millionen Besuchern gesehen wurde. Am 19. April 1999 konnte der vollständig renovierte Reichstag als Parlamentsgebäude des Deutschen Bundestags übergeben werden. Die Geschichte geht weiter ...

Platz der Republik, Tiergarten, S Unter den Linden

Riehmers Hofgarten | Bürgerliches Refugium

Berlin versteckt seine Reize gern. Man muß schon suchen oder den detektivischen Flaneurblick schweifen lassen, um manch kleine Paradiese im Großstadtgetriebe zu entdecken. Schwellenkundige haben es da leichter, sie lassen sich von keinem Tor schrecken, weil sie als passagere Existenzen keiner noch so unscheinbaren Passage widerstehen können. Solch Forscherdrang endet nicht immer in einer pittoresken Hinterhofsituation mit der berühmten Berliner Mischung aus Wohnen, Arbeiten und – Feiern. Manchmal verbirgt sich hinter den steinernen Kulissen auch ein Refugium der besonderen Art.

Repräsentative Bürgerpracht: Eingang zu Riehmers Hofgarten

Riehmers Hofgarten ist ein geschlossener Gebäudekomplex aus rund 20 fünfgeschossigen Wohnhäusern zwischen Yorck-, Großbeeren- und Hagelberger Straße, der zwischen 1881 und 1900 in mehreren Bauabschnitten durch den Maurermeister Wilhelm Riehmer errichtet wurde. Das Resultat dieser von der üblichen Form der Grundstückausnutzung abrückenden Anlage war so neu, daß man erst 1912 die passende Bezeichnung „Hofgarten" fand, denn bis dahin waren Straßen die einzigen Freiflächen der Stadt, die diesen Namen verdienten.

Der neuartige Bautyp trug den Bedürfnissen wohlhabender Bürger Rechnung, die sich keine eigene Villa leisten konnten, auf repräsentative Elemente aber gleichwohl nicht verzichten mochten. Betritt man Riehmers Hofgarten durch einen der drei Zugänge mit ihren schmiedeeisernen Toren, so vermitteln die kopfsteingepflasterten, mit Bürgersteigen versehenen und gestalteten Vorgärten den Charakter einer

Privatstraße. Wie die herrschaftlich anmutenden, reich dekorierten Stuckfassaden dienten auch die von einem Gitter umgebenen Rasenflächen allein den Zwecken der Repräsentation. Der Eingang an der Yorckstraße ist mit einem herrlichen Rundbogenportal ausgestattet, das staatstragend von zwei Atlanten abgeschlossen wird.

Die ursprüngliche Intention einer von der Stadt zurückgezogenen bürgerlichen Repräsentationssphäre vermittelt sich noch heute ungebrochen. 1983/84 wurde die gesamte Anlage im Innern modernisiert und die Fassaden nach historischem Vorbild erneuert. Das einzige bauliche Element, das sich nicht in den Gesamtkomplex fügt, ist der silbergraue Anbau des angrenzenden Yorck-Kinos, der im selben Jahr nach Plänen von Bernhard Binder und Bernd Richter entstand.

Also, hereinspaziert, aber bitte ruhig staunen!

Yorckstraße 83-86, Großbeerenstraße 56-57, Hagelberger Straße 9-12, Kreuzberg, U Mehringdamm

Rixdorf | Böhmische Dörfer

In Rixdorf spielt nicht nur Musike, sondern mitten im heutigen Neukölln existiert eine andere, ganz eigene Welt. Berlin ist international und war stets multikulturell, lange bevor es dieses abgegriffene Wort gab. Ein Hauch von Frankreich, Chicago, Italien (am Rande), Moskau durchweht die Stadt – und eben auch Böhmen. In Rixdorf, zwischen Böhmischer Straße und der Hauptschlagader des Bezirks, der Karl-Marx-Straße. Vom verwunschenen Richardplatz aus mit Berlins ältester Schmiede (1624 erwähnt) erstreckt sich Böhmisch-Rixdorf als lebendiger Anachronismus: ein Kiez, wie man keinen zweiten in Berlin findet, über 250 Jahre alt, ganz der Tradition jener „Brüder-Unität“ verhaftet, die 1737 als konfessionell Verfolgte (wie die Hugenotten oder die Wiener Juden) ins Land kamen und vor den Toren des damaligen Berlin, in Rixdorf eben angesiedelt wurden. Geblieben sind von damals Sitten und Gebräuche – und die Infrastruktur. Der kleine Friedhof, der „Böhmischer Gottesacker“ heißt, am Karl-Marx-Platz, die Kirche, die Betsäle oder Kutschen-Schöne, der in diesem „fast deplazierten Idyll der Großstadt“ (Egon Erwin Kisch) noch originalgetreu übers Kopfsteinpflaster rattert. Wer diese Welt entdecken will, sollte am oft melancholisch stillen Richardplatz, frisch gestärkt im Biergarten „Alt-Rixdorf“, beginnen, viel Zeit und Muße mitbringen und nie vergessen, wenn er etwa Ecke Schudornastraße auf die uralte Kirche der Evangelisch Lutherischen Bethlehemsgemeinde blickt – er ist in Berlin, und dazu noch im ‚schrecklichen' Neukölln.

Groß-Berliner findet der Fremde hier übrigens kaum, denn die kennen Böhmisch-Rixdorf nicht.

Zwischen Karl-Marx-Straße, Saalestraße und Sonnenallee, Neukölln, U Karl-Marx-Straße

Romantisches Viertel | Zwischen Reingold und Schmalzwald

WILHELM GROSSMANN

Seit rund um die Auguststraße in Mitte die noch nicht definierten und belegten Räume rar geworden sind, hat sich die junge Künstler- und Galerienszene in die angrenzenden Seitenstraßen stetig weiterbewegt. Wie von einem Sog gezogen, ziehen Bars und Kneipen im Troß hinterher, und mit dabei sind auch jene jungen Unternehmen, die, so scheint es, irgend etwas mit Kommunikation, Medien, Grafik, Mode oder Musik zu tun haben. Unaufhaltsam schreitet der Prozeß der Transformation eines ganzen Stadtgebietes voran. Schon haben unweit davon, am Hackeschen Markt und in der Oranienburger Straße, Touristen die

Hoheit übernommen; und rund um die Auguststraße sind die Mieten bereits jetzt zu teuer, und der eine oder andere zieht sowieso den Reiz des noch Unfertigen, Morbiden den sauberen Fassaden und fertigen Zuständen vor. Und davon gibt es in Berlin-Mitte, trotz aller Veränderungen, noch genug. Schnelle Bewegung der Szenen wie in New York läßt hier, beliebt man beiläufig und nicht ohne Stolz zu sagen, eine Gegend heute noch in, morgen aber schon mega-out sein.

Beim Verlassen dieses Gebietes weiter nach Norden lassen erste Blicke in die gepflasterte Borsigstraße ahnen, daß auf der nächsten Straßenseite eine andere Welt beginnt. Auf den Stadtplan schauend, erkennt man zwischen Oranienburger Tor, Chaussee-, Invaliden-, Garten- und Torstraße ein durch breite Straßen eingefasstes Karree, in dem sich vier engere Straßen kreuzen, die alle nach Schriftstellern der Romantik benannt sind: Tieck, Schlegel. Eichendorff und Novalis haben die Ehre erhalten, mit ihrem Namen die Straßen zu schmücken. Und deshalb, so erklärt mir eine Ur-Berlinerin, sei diese kleine Gegend auch als ‚Romantisches Viertel' bekannt. Um welchen der beiden berühmten Brüder von Schlegel es sich übrigens handeln soll, den älteren August Wilhelm oder den jüngeren Friedrich, dem Verfasser der „Lucinde" oder der „Vorlesungen über die Geschichte der Literatur", konnte ich dabei nicht herausbekommen.

Nun kennt Berlin neben den großen 23 Bezirken zahlreiche Viertel, bei deren Namensgebung die Berliner recht großzügig verfahren sind. Selbstverständlich gibt es ein ‚Dichterviertel' und ein ‚Holländisches Viertel', und was es mit dem ‚Scheunenviertel' auf sich hat, können wir in jedem Stadtführer nachlesen. Und so sei auch gleich gewarnt: Wer sich beim Romantischen Viertel vorstellt, dieses Ensemble von Straßen und Häusern habe etwas gemein mit landläufigen Auffassungen zu romantischer Ästhetik und Naturerfahrung, wird arg enttäuscht sein. Schmucklose Fassaden zahlreicher, noch nicht der Renovierung anheimgefallener Gebäude, säumen die Straßen. Es muß in den Nachkriegsjahren ein zwanghaftes Verlangen vorgeherrscht haben, alles zu vereinfachen und zu versachlichen. Überall wurde, so besonders hier, der für Berlin typische, übermäßig aufgetragene Stuck auf den Häuserfassaden radikal abgeschlagen, um ihn einem groben Rauhputz weichen zu lassen.

Der Eingang Schlegelstraße 26/27 führt in einen alten Wohn- und Fabrikhof, hier und da klebt eines der zahlreichen, an dem offenen Tor eilig angebrachten Hinweisschilder oder ein Firmenlogo solcher Art: „ariane film GmbH"; „VEB perfekt Berlin"– das hat wohl etwas mit Mode zu tun –; „convex tv"; „A2 Internetprodukte"; „loop – Raum für aktuelle Kunst" und so weiter. Nach wenigen Schritten erscheint zu meiner linken Hand auf einer geschlossenen, grauen Stahltür die Aufschrift „Schmalzwald – BHG, Bauhütte der Gemütlichkeit. Depending on your mood". Die Initiatoren des „Schmalzwald", die kanadischen Künstler Gordon Monohan, Komponist und Musiker sowie Laura Kikauka, Performerin und Sammlerin für alle möglichen Hinterlassenschaften von Alltagskultur, haben hier an diesem Ort Station gemacht. Ein Kunstprojekt, oder genauer: ein künstlerischer Projektraum mit außergewöhnlicher Gastronomie, das kurz nach der Wende im „Glowing Pickle" mit großer Hinterlassenschaft der DDR-Alltagskultur als Interieur begonnen hatte, mit einer wilden Bar inmitten des ganzen Chaos. Später folgte der „Spätverkauf" an der Volksbühne am Rosa-Luxemburg-Platz und dann der erste „Schmalzwald" im Volksbühnen-Prater.

Von der Eichendorffstraße führt der Weg über die Kreuzung Tieckstraße direkt in die Novalisstraße. Links und rechts werden ganze Häuserzeilen modernisiert, manche Fassade ist bereits mit heller, leuchtender Farbe versehen. An den Eingängen glitzern messingfarbene Klingelkonsolen, die Dachetagen erhalten gläserne Lofts, damit deren zukünftige Bewohner einen guten Blick über die Dächer ins neue Regierungsviertel genießen dürfen.

Der Dichter und Theoretiker Novalis, alias Friedrich von Hardenberg, war wohl am stärksten vom Mystizismus und Katholizismus ergriffen. Auch er ist, dem ‚Chefromantiker' A.W. Schlegel folgend, wie auch all die anderen Romantiker, ob jüdisch oder protestantisch, zum Katholizismus konvertiert. Zwischen Freiheitsdrang und dem beginnenden Rationalismus zerrissen, propagierte der junge Novalis in „Die

Christenheit oder Europa“ (1799) ein harmonisches Bild der mittelalterlichen Gesellschaft, deren verlorener Sinn wiederzugewinnen wäre. „Schöne glänzende Zeiten“, waren dies, „wo Eine Christenheit diesen menschlich gestalteten Weltteil bewohnte; Ein großes gemeinschaftliches Interesse verband die entlegensten Provinzen dieses weiten geistlichen Reichs.“

Wir können heute lustig darüber spekulieren, was den Dichter zu einer solcherart rückwärtsgewandten Utopie bewogen haben mag. Vielleicht waren es die beängstigenden Ahnungen von einer neuen, frühkapitalistischen Zeit, wie sie durch den Fabrikanten Borsig später mit seinen Dampfmaschinen- und Lokomotivenfabriken in der Novalisstraße eingeläutet wurde. Zu Beginn des 18. Jahrhunderts war das heutige Romantische Viertel bestenfalls Vorstadtgebiet, wo Borsig Grund und Boden fand, um seine Fabriken hochzuziehen. Und jene geistreichen Frauen der romantischen Welt übrigens, die ihre ersten gesellschaftlichen Salons eröffneten, Rahel Varnhagen, Henriette Herz oder Bettina von Arnim hatten wahrscheinlich nicht hier ihr Zuhause. Das war eher in der Charlotten- und Jägerstraße, rund um den Gendarmenmarkt.

Die alte Borsig'sche Lokfabrik in der Novalisstraße 11 zieht sich bis zur Chausseestraße hin. Todschick sind die alten Hallen modernisiert, im Innern finden sich die Wegweiser zu jenen jungen Unternehmen, die man hier sofort erwartet hatte, eben aus der Branche „Kommunikation“ und „Medien“. Schnittige Fahrradboten gehen ein und aus, die Menschen scheinen hier alle durchweg unter dreissig zu sein und der Durchschnitt trägt tatsächlich Turnschuhe! Man spürt es förmlich, wie zwischen „Borsig“ und „av.f medienprojekte“ ein Schritt von mehr als zwei Jahrhunderten vollzogen wurde.

Die große abweisende metallbeschlagene Tür führt ins „Reingold“, einer durch und durch designten, in warmen Ocker- und bordeauxroten Tönen gehaltenen American Bar. Klaus und Erika Mann schauen aus der Ferne auf die Gäste am Tresen. Die sind elegant gekleidet und offensichtlich noch nicht sehr lange in Berlin ansässig; für den erfahrenen, hartgesottenen Berliner etwas blasiert, zu dandyhaft.

Dem Ganzen fehlt noch Patina. Die wiederum gibt es genug schräg gegenüber, in der Alt-Berliner Kneipe „Zur Jette". Hier ging man schon in alten Zeiten zu später Stunde hin, wenn ansonsten nichts mehr geöffnet hatte nach dem Besuch im Berliner Ensemble, dann, wenn die Theaterkantine geschlossen wurde. Heute kehrt man zu späterer Stunde, nach einem Besuch in der INIT- Kunsthalle oder dem Neuen Berliner Kunstverein im „Honigmond" ein. „Romantisches Viertel?", sagt die Serviererin : „Ja doch – eigenlich finde ich es ganz o.k. hier." Und während ich noch über das einschränkende „eigentlich" nachdenke kommt es: „Aber wohnen tu' ich doch lieber im Prenzlauer Berg."

Zwischen Oranienburger Tor, Chausseestraße, Invalidenstraße, Gartenstraße und Torstraße, Mitte, U Oranienburger Tor, S Oranienburger Straße

Sammlung Berggruen | Klassisch einfach und voller Noblesse

DIETER BEUERMANN

Jeder Berliner und Berlinbesucher kennt das Schloß Charlottenburg und die beiden gegenüberliegenden Stülerbauten – eines der schönsten Ensembles im Stadtraum Berlins. Hier ist Berlin am preußischsten.

Der geniale Architekt und Schinkelerbe August Stüler entwarf diese Gebäude Mitte des vorigen Jahrhunderts im Auftrag des Königs Friedrich Wilhelm IV. als Kasernen für das Garde-du-Corps-Regiment. 1859 wurden die Neubauten bezogen. Im östlichen Stülerbau ist das Ägyptische Museum mit der Büste der Nofrete zu Hause und im westlichen seit 1996 die Sammlung Berggruen „Picasso und seine Zeit".

Heinz Berggruen, einer der großen Kunsthändler und Sammler unserer Zeit, hat sich spontan in dieses Gebäude verliebt, als Wolf-Dieter Dube, seinerzeit Generaldirektor der Stiftung Preußischer Kulturbesitz, es ihm als Heimstatt für seine Sammlung anbot. Es wurde behutsam von den Architekten Hilmer, Sattler und Albrecht für seinen neuen Zweck umgebaut, und ist heute wohl das schönste und intimste Museum der Hauptstadt.

Wo Picasso wohnt:
Der Stüler-Bau in Charlottenburg

Viele Male habe ich dieses Gebäude betreten, und jedesmal aufs neue faszinieren mich die Räume in ihrer Harmonie. Das Licht von oben hat fast mediterrane Qualität, das dreigeschossige Treppenhaus und die Geometrie des Grundrisses sind klassisch einfach und gleichzeitig voller Noblesse. Schon beim Betreten dieses Gebäudes wußte Heinz Berggruen, daß sich hier seine Bilder, seine „Kinder", wie er sie nennt, wohlfühlen würden. Der Stülerbau ist geradezu maßgeschneidert für diese wunderbare, staunenswerte Sammlung.

Immer wieder aufs neue verliebe ich mich in die Bilder und Skulpturen. Jeder der Räume und jedes der Stockwerke hat eine eigene Faszination. Natürlich dominiert Picasso, diese Ausnahmeerscheinung des 20. Jahrhunderts, mit rund 75 Werken aus allen Schaffensperioden. Aber wo findet man einen Henri-Matisse-Raum in einem deutschen Museum, der auch nur annähernd vergleichbar wäre mit diesem hier? Wo sonst sind solche intimen Räume mit Werken von Paul Cézanne, Vincent van Gogh und George Braque zu sehen?

Das oberste Stockwerk ist Paul Klee, dem Meister der Geheimnisse, der Phantasmagorien und Träume gewidmet. Hier befindet sich auch die kleine Wohnung von Heinz Berggruen und seiner Frau Bettina.

1914 wurde er in Berlin geboren, im Alter von 22 Jahren ist er aus Berlin fortgegangen in eine ungewisse Zukunft. Als Zweiundachtzigjähriger kam er zurück. Er liebt seine Heimatstadt und die Berliner – et vice versa. Er ist sehr oft in unserer Stadt und natürlich in seinem Museum. Seine aufmerksamen Augen schauen die Besucher an. In der kleinen Museumsbuchhandlung signiert er dann seine Autobiographie „Hauptweg und Nebenwege", die sich mittlerweile zum Bestseller in mehreren Sprachen entwickelt hat, ebenso wie der umfangreiche Ausstellungskatalog. Scheuen Sie sich nicht, ihn anzusprechen. Er ist der Vater aller dieser Dinge und erweitert seine Sammlung kontinuierlich. Der westliche Stülerbau ist ein Ort des Glücks, und jedem Besucher gibt er etwas davon ab.

Welch ein Segen, daß Heinz Berggruen in unsere, seine Stadt zurückgekehrt ist!

Schloßstraße 1, Charlottenburg, U Richard-Wagner-Platz, Sophie-Charlotte-Platz

S-Bahnhof Grunewald | Geschichte, auf und ab

KLAUS LANDOWSKY

Der Platz vor dem S-Bahnhof Grunewald ist kein Ort, der den Besucher auf Anhieb in seinen Bann zieht. Von seiner Gestaltung ist er eher unspektakulär und ein Beispiel dafür, daß auch der mondäne Stadtteil Grunewald mancherorts seine beschaulichen Ecken bewahrt hat. Sein Charme ist subtil, und vielleicht muß man einfach Berliner und Anwohner sein, um ein Gefühl für diesen Ort zu bekommen. An diesem Platz nun liegt meine Stammkneipe, sie heißt „Floh".

Das „Floh" ist eine kleine, urige, außen grün berankte und innen dunkel getäfelte Kneipe. Wenn es die Zeit erlaubt, komme ich am Ende eines Arbeitstages hierher. Ich genieße die Distanz zum beruflichen und politischen Tagesgeschäft und freue mich auf ein Gespräch mit Nachbarn. Oft bleibe ich gleich draußen und setze mich an einen der rustikalen Holztische, die vor dem „Floh“ auf dem Bürgersteig stehen. Dann lasse ich mit einem Bier in der Hand den Blick schweifen. Es ist ein unprätentiöser Ort, der das Auf, aber eben auch das Ab der Geschichte widerspiegelt.

Da ist zunächst der S-Bahnhof selber, dieser liebevoll gestaltete Bau mit Turm und Uhr aus der Gründerzeit, der in seinem Seitenflügel eine kleine Bäckerei beherbergt und für die angenehme Betriebsamkeit des Ortes sorgt. Weitere Wohnhäuser im Stil des Historismus, alle zur sogenannten Villenkolonie gehörend, die auf Anregung von Fürst Otto von Bismarck um die Jahrhundertwende entstanden, säumen den begrünten Platz. Da erinnern zum anderen, rechter Hand des Bahnhofes, eine (mehrmals gestohlene) Gedenktafel und das knapp 20 Meter lange Mahnmal des Bildhauers Karol Boniatowski von 1991 an die fast 50.000 Juden, die – von der nur einen Katzensprung entfernten – Verladestation des Güterbahnhofes in die nationalsozialistischen Vernichtungslager transportiert wurden. Mahnmal und Gedenktafel sind Sinnbild für die wechselvolle Geschichte Grunewalds: So war hier nicht nur der Ort der Schicksalsstunde, sondern auch just der Stadtteil, dessen meist jüdischen Bürger bis genau zu dieser Stunde Kultur und Geist Berlins entscheidend prägten, so Max Reinhardt, Alfred Kerr, Engelbert Humperdinck, Gerhart Hauptmann oder Walther Rathenau.

Die Arbeit von Boniatowski beherrscht nicht den Platz. Ihre mahnende Wirkung entfaltet sich dennoch: Man spürt die Verantwortung und weiß dabei die Beschaulichkeit des Ortes, die friedliche Stimmung und nicht zuletzt das gemütliche Bier im „Floh“ zu schätzen.

Am Bahnhof Grunewald, Wilmersdorf, S Grunewald

District Savigny | Südliche Gelassenheit

NINA RUGE

Nicht Mitte, nicht Prenzelberg, nicht Hackesche Höfe: Die NEUE Mitte ist ganz alt: Berlin-Charlottenburg. Das kleine Portrait einer schattigen Tradition: Jawohl, schattig. Wohlig-schattig – mit tausenden Lichtflecken auf dem Pflaster. Platanen, Linden – und ein Hauch Siesta-Ruhe, südliche Gelassenheit: Die Gegend um den Savigny-Platz. Fünf Jahre habe ich dort gelebt – und schrecklich ‚out' war die Ecke nach der Wende: Verstaubtes Mittelstands-Berlin, igittigitt! Es lebe die Mitte, die Mitte der Avantgarde!

Lauschig, edel und mit Herz: Der Savignyplatz

Zehn Jahre später sind der Platz und seine Umgebung ganz sachte wieder ‚in' geworden. Man schätzt plötzlich die verborgene Stärke der Berliner Tradition. Den Schuß Boheme: Intellektuelle, Künstler, Lebenskünstler wohnen hier – und sie denken überhaupt nicht dran, wegzuziehen. Wer hier eine Wohnung ergattert – atmende Größe, knarrendes Parkett, Flügeltüren, Stuck und Balkon – der gibt sie um's Verrecken nicht mehr her. Schon deshalb, weil das Pflaster ziemlich teuer geworden ist. Der Bäcker, die Apotheke, der Schuster von früher – keine Chance. Die Galerie, die Edel-Kneipe, das etwas teurere Restaurant: Sie versuchen's zumindest. So richtig ‚overdone' ist allerdings keiner. Protz ist verpönt, man mag's sehr persönlich und sehr warm: Hier pocht das Herz.

Man geht aus am Abend. Oft und zu Fuß. Natürlich im Schein von Gaslaternen. Neon? Sind wir am Alex, oder was?! Alles irgendwie gediegen – und alles irgendwie im Trend: Das Kino, das Delphi, in der Kantstraße: Roter Plüsch, viel Jugendstil, Luft zum Atmen UND Supersound, Superprojektion, die neuesten Filme. Der Lietzensee, nicht unbedingt um die Ecke, aber dafür wunderbar verwunschen, romantisch und pur: mit Imbißbude direkt am Wasser, Plastikstühlen und Flaschenbier.

Womit wir beim tieferen Sinn der Gegend wären: Gut essen und wohlfühlen. Der Chatroom Charlottenburg heißt immer noch Kneipe und Restaurant. Forever young: Natürlich „Lutter & Wegener" in der Schlüterstraße. Ein Ort. Nirgends. Nicht chic – und trotzdem immer ‚in' gewesen. Spitzenküche – die Weinpreise allerdings schon lange ‚out'. „Paris Bar", Kantstraße, ein Dino – genauso wie das „Bovril" (Kudamm, Ecke Olivaer Platz). Treffs für Menschen und solche, die es werden wollen. In der „Paris Bar" schätzt man allerdings die Erfahrung, daß gutes Essen und guter Wein weniger wichtig sind, wenn man die richtigen Leute trifft.

Italiener und solche, die so tun als ob – die sind hier ein Muß: „Adriano" zum Beispiel. Der findet sich ziemlich angesagt– und weil er das findet, ist er's auch: Business trifft Schickeria – aber immer Savigny-sympathisch. Das ist „Shell". Überflüssig zu sagen, daß das eine Ex-Tankstelle ist. Fidele gibt's auch immer noch, der hat sich früher zusammen mit Adriano promotet. Kocht heute alleine – nur besser (Gormannstraße). Natürlich kann man nicht immer mit den Dinos speisen. „Carpe Diem", zum Beispiel, in den S-Bahn-Bögen taugt zum neuen Klassiker: Schönes Ambiente, noch schönere Tapas, draußen sitzen und das auch noch am Tag. Oder „Briganti", Wieland-, Ecke Mommsenstraße. Auch da ist/ißt man schon mittags zuhaus. Geniale Nudeln und Salat, Antipasti zum Mitnehmen und Spitzen-Capuccino.

Mittags darf ich natürlich „Klemkes Weinladen" nicht unterschlagen: Schlüter-/Ecke Mommsenstraße. Freundlicher Edel-Imbiß mit täglichem Schlangestehen – in Nadelstreifen, versteht sich. Und wer tatsächlich an gutem Wein interessiert sein sollte, der wird exzellent beraten.

Womit ich noch zu den Dinos der Nacht springen möchte: Da muß es einfach das „Florian" sein (Grolmannstraße). Vorausgesetzt, man ist über 30 und mit Interesse an spannenden Menschen und entsprechenden Typen hinter der Theke ausgestattet. Danach geht man hier ins Bett. Schließlich ist man nicht mehr der Jüngste. Und morgens erwacht dann wieder dieses Berlin der Platanenart: Sommerlich, leicht. Als gebe es keine Minusgrade im Leben.

Savignyplatz, Charlottenburg, S Savignyplatz

S Schlachtensee | Rechts oder links herum?

ISA GRÄFIN VON HARDENBERG

Die Rehwiese, kurz über die Spanische Allee und durch eine S-Bahn-Brücke – es sind nur wenige Minuten bis zum Schlachtensee. Ich erreiche ihn am Westende und stoße auf den Uferweg.

Rechts oder links herum, das ist hier die Frage. Rechts liegen alte Villen auf dem steilen Hang über dem Weg, im weiteren Verlauf passiert man den kleinen Bootsverleih und das Haus einer Freundin. Man könnte durch den Garten gehen, der bis zum Ufer herunterreicht, und sie besuchen.

Links ist der waldige Hang unverbaut. Kiefern und Eichen bilden eine wundervolle Umrahmung des Sees, so ursprünglich wie auf den Bildern von Walter Leistikow vor 80 Jahren. Die Natur hat das Tal des Schlachtensees in einer Schlangenlinie gebildet, so daß sich der Anblick des Wassers und der Ufer ständig verändert. Der See scheint kein Ende zu nehmen, obgleich die Wanderung nach fünfeinhalb Kilometern wieder zum Ausgangspunkt zurückführt.

Am Wochenende bin ich allerdings an meinem Lieblingsort nicht allein. Spaziergänger, Jogger, Radfahrer, Hunde bevölkern den Weg in beiden Richtungen, was nicht nur bei Hundebegegnungen zu einem Problem wird. Daher ist manchmal der Höhenweg auf der bewaldeten Seite vorzuziehen. Man hat einen herrlichen Blick durch die Bäume auf das Wasser, besonders im Herbst und im Winter.

Am lebhaftesten geht es an ganz heißen und ganz kalten Tagen zu. Im Juli und August wird der Schlachtensee zu einem großen Badevergnügen. Das Wasser ist moorig gefärbt, aber sauber. Der See war ja ein Trinkwasserreservat des alten West-Berlin. Die Natur liefert mit den zum Wasser hängenden Erlen und Buchen regelrechte Springtürme für Kinder.

Labsal für die Seele: ein Spaziergang um den Schlachtensee

Im Winter wird es bei strengem Frost am Schlachtensee besonders romantisch. Wenn er zufriert, kommen die Schlittschuhläufer und Skiwanderer in Scharen und mit ihnen kleine improvisierte Picknicks auf zusammengestellten Schlitten. Würstchen- und Glühweindüfte wehen über die Fläche, und für kurze Zeit bilden sich neue, eisige Wanderwege. Spaziergänger, Jogger, Radfahrer, Hunde, verlassen, wenn auch zaghaft, die Uferzone. Solche Tage sind ein Labsal für die gestreßte Seele!

Am Schlachtensee, Zehlendorf, S Schlachtensee

Schlesische Straße | Currywurst und Grenze

Die Grenzen verwischen im ‚Neuen Berlin', aber bisweilen ergeben sich Konstellationen, die alles vereinen, was an ‚schöner' Absurdität noch in der Stadt steht. Zum Beispiel Schlesische Straße, Ecke Am Flutgraben. Heute trennt die kleine Brücke über den Landwehrkanal, der wenig später in die Spree fließen wird, nur die Bezirke Kreuzberg und Treptow. Wer sich mutig auf die Plastikstühle des „Treptower Imbiss" setzt, eine repräsentative Currywurst vor sich, sieht durch die Bäume einen der letzten originalen Grenztürme, eine der ältesten Berliner Tankstellen (Bauhaus-Architektur der zwanziger Jahre, jetzt zum Kaffeehaus „Zur Pumpe" mutiert) auf der gegenüberliegenden Straßenseite, stutzt bei dem Miniaturmodell des Eiffelturms (mit französischer Flagge) und staunt über die futuristischen Treptowers in der Ferne.

Frisch gestärkt und neugierig geworden, betritt der Flaneur die Brücke mit dem unaussprechlichen Namen, entdeckt ein Hausboot-Idyll mit Gastronomie, schöne alte Backsteinarchitektur, ein unübersichtliches Gewerbegebiet, erinnert sich, trotz des nachlässig tobenden Verkehrs, daß das „Sportplatz"-Schild zum Bolzplatz seiner Studentenjahre auf der „Lohmühle" (Asche!) führt, und wie sehnsüchtig man dereinst an Mauer und Grenze auf die nur noch zu erahnende Stadtlandschaft blickte.

Bei näherem Hinsehen gehört der groteske Eiffelturm stilecht zu einem französischen Autohändler, und der Wachturm ist natürlich ein „Museum", Teil einer schön ungepflegten Anlage mit dem poetischen Namen „Mauerperle". Und zwischen den grün-gelben Bezirksschildern „Kreuzberg" und Treptow" wird der Versuch unternommen, die Straße zu überqueren. Da schießt es dem Todesmutigen durch den Kopf: Ganz in der Nähe wohnte ja Fontanes Commerzienrätin Frau Jenny Treibel (geborene Bürstenbinder) und mokierte sich über die schrecklichen Düfte bei falschem Wind ...

Schlesische Straße, Ecke Flutgraben, Kreuzberg/Treptow, U Schlesisches Tor, S Treptower Park

Schloß Bellevue | Zapfenstreich mit Spreeblick

Demokratie muß nicht immer ihr eigener Bauherr sein, wenn sich funktionslos gewordene feudale Architektur in vornehmer Bescheidenheit als Präsidentensitz anbietet. Ob im Vorbeifahren von der Straße oder per Boot vom Wasser aus – Schloß Bellevue bietet auch von außen betrachtet einen schönen Anblick.

Das einen Steinwurf von Großem Stern und Siegessäule im Tiergarten gelegene Schloß ist der erste königlich-preußische Schloßbau, der sich erkennbar am Stil des Klassizismus orientiert. Seinen Namen erhielt er aufgrund der von hier aus möglichen Aussicht auf die Spree, die allerdings heute zugepflanzt ist. Der dreiflügelige Gebäudekomplex, der 1785/86 nach Plänen von Philipp Daniel Boumann unter Einbeziehung älterer Gebäude aus dem Jahr 1764 (rechter Flügel) errichtet wurde und auf seiner Vorderseite einen Ehrenhof einschließt, dient neben dem elliptischen Neubau des Bundespräsidialamtes nebenan, dem einzigen Neubau der Bundesregierung im Großen Tiergarten, als Berliner Amtssitz des Bundespräsidenten.

Der langgestreckte, 19achsige Hauptbau ist durch seine Geschoßhöhe von den beiden Seitenflügeln – links „Damenflügel", rechts „Spreeflügel" – abgesetzt. Seine beiden Enden sind durch schwach vorgezogene Risalite betont, in denen sich ursprünglich die Eingänge befanden. Der jetzige Mitteleingang mit Freitreppe wurde erst 1938 angelegt, als das Gebäude nach Plänen von Paul Baumgarten zum Gästehaus der damaligen Reichsregierung umgestaltet und dabei bis auf den 1791 geschaffenen ovalen Festsaal im Innern völlig neu konzipiert wurde.

Der zweigeschossige Hauptbau ist im Unterschied zu den vollkommen schmucklosen Seitenflügeln mit einem von einer Attika bekrönten Mittelrisalit versehen, auf dessen Giebel Sandsteinfiguren als Personifikationen von Ackerbau, Fischzucht und Jagd zu sehen sind. Die vorderen drei Achsen der Seitenflügel sind jeweils zweigeschossig, so daß dieses zentrale Motiv durch das allmähliche Ansteigen des

Baukörpers vorbereitet und optisch betont wird. An den Spreeflügel schließt sich ein Torhaus an.

1928 ging das Schloß Bellevue, das in der zweiten Hälfte des 19. Jahrhunderts keine ständigen Bewohner mehr hatte und nach dem Ersten Weltkrieg zunächst für Bürozwecke genutzt wurde, in staatlichen Besitz über. Ab 1929 nutzte man es für Kunstausstellungen, ehe 1935 das Museum für Deutsche Volkskunde Einzug hielt. Nach seiner starken Beschädigung im Zweiten Weltkrieg richtete man das Schloß 1954 bis 1959 als Berliner Amtssitz des Bundespräsidenten wieder her. Dabei wurde ein Großteil der 1938 vorgenommenen Veränderungen beseitigt, das Äußere restauriert und im Innern grundlegende Modernisierungen durchgeführt.

Der Garten des Anwesens galt einst als eine der schönsten Parkanlagen vor den Toren Berlins. Von seinen zahlreichen kleineren Bauten – u.a. einer „Maison champêtre“ (Landhaus), einer Hütte neben einem künstlichen Wasserfall, einem „Otaheitischen Kabinett“, einem Eiskeller, einem 1826 erbauten Gartenhaus von Karl Friedrich Schinkel sowie einer 1799 von Friedrich Gilly entworfenen Meierei der Prinzessin Luise – ist durch die Zerstörungen des Zweiten Weltkriegs keiner mehr erhalten. Der 1954 durch den Gartenarchitekten Reinhard Besserer neu gestaltete Schloßpark, in dem sich eine Reihe von Denkmälern befinden, ist wie die Gebäude der Öffentlichkeit nicht zugänglich. Schön sind sie trotzdem. Und wohl dem, der zu einem Empfang oder einer Gartenparty des Bundespräsidenten geladen wird. Er kann demokratischen Geist in angenehm zurückhaltender feudaler Pracht ohne Reue genießen.

Spreeweg 1, Tiergarten, S Bellevue

Schloß Charlottenburg | Italienischer Barock und Berliner Hundebesitzer

Das Berliner Leben macht vor keinem noch so feudalen Schloßpark halt. Unabhängig von der kunst- und kulturgeschichtlichen Schönheit und Bedeutung der Anlage, ist ein Teil des Schloßparks allseits beliebter Bolzplatz für Freizeitkicker (erst recht, nachdem die einstige Brache vor dem Reichstag nicht mehr zur Verfügung steht). Darüber hinaus lohnt sich das Studium des Originaltypus ‚Berliner Hundebesitzer' sowie des kulturbewußten Joggers in diversen Variationen an diesem Ort besonders. Doch werden wir ernst:

Schloß Charlottenburg: Entspannung und Erbauung

Das Schloß Charlottenburg ist seit Abriß des Stadtschlosses 1950/51 die größte der insgesamt neun erhaltenen Schloßanlagen Berlins. Sie ist in einem Zeitraum von 200 Jahren entstanden und mißt in ihrer Länge mehr als 500 Meter. Ein ausgedehnter Spaziergang durch das weitläufige Areal lohnt in jedem Fall, denn Gebäude und Park der Hohenzollernresidenz warten mit einer Vielzahl baulicher und landschaftsgärtnerischer Erlebnisangebote auf, bei denen Entspannung und Erbauung eng miteinander verflochten sind.

Der zweigeschossige Mittelbau im Stil des italienischen Barock entstand 1695 bis 1699 und wurde nach der Königskrönung Friedrichs 1701 durch Eosander von Göthe erheblich erweitert. Der 48 Meter hohe Kuppelbau mit drehbarer Fortunafigur auf der Spitze, an den sich zur Straßenseite hin ein Ehrenhof mit dem Reiterstandbild des Großen Kurfürsten Friedrich Wilhelm von Anrdeas Schlüter anschließt, stammt aus dem Jahr 1710. Im Westen des Hauptgebäudes schließt sich der Eosanderflügel, die Große Orangerie, an; der östliche Knobelsdorfflügel beherbergt die Galerie der Romantik, in deren lichten Räumen noch bis zur Wiedereröffnung der Alten Nationalgalerie auf der Museumsinsel zahlreiche Arbeiten von Caspar David Friedrich, Karl Friedrich Schinkel, Carl Blechen und anderen romantischen Künstlern ausgestellt sind. Aufgrund ihrer Geschlossenheit ist diese Sammlung von Malerei aus der ersten Hälfte des 19. Jahrhunderts wohl als einzigartig in Deutschland zu bezeichnen.

Zu den spektatorischen Höhepunkten des 1697 angelegten, mit zahlreichen überraschenden Perspektiven ausgestatteten Schloßparks zählen neben dem reizenden Schinkel-Pavillon mit seiner umlaufenden Galerie ein Karpfenteich mit vorgestellter Puttenbalustrade, das zuckerdosenartige Teehaus Belvedere unweit der Spree, in dessen drei Geschossen eine der erlesensten Sammlungen Berliner Porzellans untergebracht ist, die erst 1989 rekonstruierte Luiseninsel sowie ein Mausoleum mit dorischer Säulenfront. Der kleine Tempel entstand 1810 nach Plänen Schinkels als Grabstätte der Königin Luise, deren Sarkophag in einer romantisch-düsteren, beklemmend-modrigen Atmosphäre aufgebart ist. Der Schritt ins Freie wird als Aufstieg aus dem Totenreich erfahrbar.

Gegenüber dem Schloß Charlottenburg befinden sich am Eingang der Schloßstraße mit dem Ägyptischen Museum, der Sammlung Berggruen und dem Bröhan Museum drei weitere Höhepunkte der Berliner Museumslandschaft. Der Kiesweg des breiten Mittelstreifens der Allee ist in den Sommermonaten ein beliebter Anziehungspunkt für Boule-Spieler, die einen Hauch französischer Lebensart in die preußisch-strenge Umgebung bringen.

Schloßstraße 1, Charlottenburg, S Westend

Schloß Köpenick mit Altstadt | Geschundene Idylle

Köpenick hat mehr als einen Hauptmann zu bieten. Zum Beispiel ein Schloß, das wie die nahe Altstadt ein restauratorischer Pflegefall und zugleich ein verkehrsumtostes Museum an den sich krakenartig verzweigenden und weitenden Wassern der Spree ist. Wer nach langer, staugefährdeter Anreise durch die dem Verfall und der Natur preisgegebenen Industrielandschaften Friedrichhains, Lichtenbergs oder Treptows plötzlich am Schloß in Köpenick ankommt, fährt nun in Berlins wald- und seenreichsten Bezirk ein, dünnbesiedelt wie kein anderer und Mark wie Metropole in sich vereinigend. Das 1677 bis 1681 im holländischen Barockstil erbaute Schloß ist gleichsam der Vorhof zur Köpenicker Altstadt. Es liegt auf einer Insel und bietet – zumindest nach Abschluß der Generalsanierung – malerische Ausblicke auf eine kleinstädtische Stadtlandschaft, die jenseits aller Kriegszerstörungen und städtebaulichen Sünden ihren Grundcharakter bewahrt hat.

Seine bewegte Geschichte als verwaister Kurfürsten-, späterer Witwensitz, Gefängnis, Lehrerseminar, Staatliches Volkskunstensemble der DDR und schließlich Kunstgewerbemuseum vermochte weder dem Schloß noch gar dem kleinen Barockgarten voller Skulpturen an der Südspitze der Insel den Charme zu nehmen. Wenn u.a. die umfangreiche Möbelsammlung des Kunstgewerbemuseums (als Teil der Staatlichen Museen zu Berlin, Stiftung Preußischer Kulturbesitz) demnächst wieder zugänglich sein werden, lohnt sich erst recht der Besuch mit anschließendem Rundgang durch die malträtierte Altstadt, die am Verkehr zu ersticken droht und die zwischen Altem Markt und Fuhranplatz auf dem härtesten Kopfsteinpflaster Berlins den geneigten Spaziergänger ihre versteckten Reize offenbart. Und wer auf den Hauptmann nicht verzichten will, pilgere am originalen Rathaus von 1904 vorbei, in dem der Schuster Wilhelm Voigt zwei Jahre später sein Unwesen trieb.

Schloßinsel Köpenick, Köpenick, S Spindlersfeld, Bus 167

Schloß Tegel | Kindheitsraum und Herrensitz

Manche Berliner Schönheit zeigt sich nur in ihrer sommerlichen Pracht. Park und Schloß Tegel gehören zu den Kleinodien, die nur zwischen Mai und September zugänglich sind. Das hat seine prosaischen Gründe. Denn Schloß Tegel ist der letzte, noch im Besitz der Nachkommen früherer Eigentümer befindliche märkische Herrensitz. Die Anlage geht auf ein Herrenhaus zurück, das 1558 für einen Hofsekretär Joachims II., Hans Bretschneider, im Stil der Renaissance errichtet wurde. Später nutzte der Große Kurfürst Friedrich Wilhelm das Gebäude als Jagdschloß, ehe es nach mehrmaligen Eigentumswechseln 1766 in den Besitz der berühmten Familie von Humboldt gelangte. Wilhelm von Humboldt, der Philosoph, Sprachforscher und Begründer der Berliner Humboldt-Universität, sowie sein Bruder, der Naturforscher Alexander von Humboldt, verbrachten auf dem von ihrem Vater, dem preußischen Kammerherrn Major Alexander Georg von Humboldt, übernommenen Besitz ihre Kindheit.

Unter Anleitung Wilhelm von Humboldts, der das Anwesen 1797 nach dem Tod seiner Mutter übernahm, wurde der auch unter dem Namen ‚Humboldtschloß' bekannte Herrensitz 1820 bis 1824 nach Plänen Karl Friedrich Schinkels im Stil des Klassizismus umgestaltet. Schinkel integrierte dabei das vorhandene Renaissancegebäude in einen vierflügeligen Gebäudekomlex mit Ecktürmen und stimmte die nach Ansicht des Hausherrn „bequeme und eigentümliche" Innengestaltung auf die hier untergebrachte Antikensammlung des Gelehrten ab. Das Gebäude umfaßt u.a. einen „Blauen Salon", einen „Antikensaal" und ein „Blaues Turmkabinett".

1820 wurde auch der ursprünglich von Gottlob Johann Christian Kluth angelegte, seit 1983 unter Denkmalschutz stehende Schloßpark durch Peter Joseph Lenné einer umfassenden, größtenteils bis heute erhaltenen Neugestaltung unterzogen. Die in Ost-West-Richtung verlaufende, 1792 angelegte Lindenallee, an der auch die rund 400 Jahre alte Wilhelm-von-Humboldt-Eiche steht, führt zu der 1829 nach Plänen Karl Friedrich Schinkels angelegten Familiengrabstätte der

Humboldts mit einer Kopie der 1818 von dem Bildhauer Bertel Thorvaldsen geschaffenen Statue der Spes (Hoffnung). Das 1945 von der Roten Armee beschlagnahmte, auf der Museumsinsel und in der Staatsbibliothek zwischengelagerte Original wurde 1990 neben anderen Skulpturen, Reliefs und Archivunterlagen nach Schloß Tegel rücküberführt und wird heute im „Blauen Turmkabinett“ aufbewahrt. Der Spaziergänger in Tegel sollte auf keinen Fall die Uferpromenade am „Großen Malchsee“ auslassen, denn spätestens dann wird klar: Es muß nicht immer Wannsee oder Müggelsee sein!

Adelheidallee 19-21, Reinickendorf, U Alt-Tegel

Schmargendorf | Am Roseneck ist die Welt noch in Ordnung

Mit Schmargendorf hat es so seine Bewandtnis: Es ist mehr als Wilmersdorf, aber nicht Dahlem oder Grunewald, aber doch schon ein bißchen von allem. Besonders am Roseneck, wo sich alles verzweigt: der Hohenzollerndamm geht in die endlose Clayallee über, die Hagenstraße taucht in die exklusiven Wohnquartiere des Grunewalds ein, die Rheinbabenallee eröffnet Richtung Wilder Eber Einblicke ins verträumte Dahlem, und die Hubertusallee weist den Weg Richtung Halensee und Kurfürstendamm. Wie man sieht, ist das Roseneck der wahre Knotenpunkt für die feinen Adressen des ‚alten Berlin'.

Das Roseneck ist also ein kleines Zentrum des gehobenen (West-) Berliner Lebens und besonders einprägsam an Samstagvormittagen in seinen parvenühaften Konfigurationen zu studieren. Die schöne Backstein-Häuser-Zeile (Holland plus Jugendstil, die Berliner lieben den Eklektizismus!) mit den edlen Geschäften plus Café vermittelt diese

Atmosphäre entspannter Saturiertheit im gepflegten Stadtambiente. Da stören kaum ein paar mißlungene Bauten der achtziger Jahre, die durch ein ansprechendes weißes Bankgebäude Ecke Clayallee fast kompensiert werden, da mokiert sich keiner über den Verkehr oder Parkplatzprobleme – warum auch? Reife Blondinen, edle Karossen, schöner Kitsch im „Café Roseneck“ – hier ist die Welt auf alle Fälle noch in Ordnung.

Roseneckplatz, Wilmersdorf, S Grunewald

Sophienstraße | Auf der Suche nach der verlorenen Zeit

Die Sophienstraße ist ein kurzes, schönes Vergnügen. Genießer sollten am späten Nachmittag in sie eintauchen, dann wirkt sie in ihrer bereits zu DDR-Zeiten restaurierten Zauberkraft am nachhaltigsten. Obwohl zwischen der vitalen Kunstmeile Auguststraße, dem stets verstopften Hackeschen Markt und der dauerhaft belebten Oranienburger Straße eingebettet, herrscht in ihr kein Anflug von Hektik oder überschäumender Betriebsamkeit. Das mag an der barocken Sophienkirche samt ihrem Friedhof liegen – oder einfach an der Abwesenheit von Szenelokalen.

Gleichwohl, die 1712/13 rechteckig angelegte Sophienkirche mit ihrem 1735 fertiggestellten, fast 70 Meter hohen Turm ist nicht nur das barocke Kleinod Berlins, sondern strahlt auch mit dem alten Friedhof einen Hauch von Melancholie und ermatteter Größe aus, die den mittleren Teil des Straßenzuges prägen. Man verweilt gerne, blickt auf die Rokoko-Grabmäler, den angenehm ungepflegten Friedhof, die alten Gitter, die niedrigen Häuser aus dem 18. Jahrhundert. Der Historiker Leopold von Ranke liegt hier begraben, vielleicht ist es auch sein Geist, der das Gefühl von stillgestellter Zeit vermittelt. Kinder aus dem nahen Hort spielen auf seinem Grab, die Häuser mit den Lebenden rücken ganz nah an den Grabplatz. Wer hinter die Fassadenkulissen gegenüber schauen mag, besuche die beiden netten Galeristinnen der Sophien-Edition in ihrem Hinterhof-Domizil mit schönem kleinen Garten und gönne sich einen Imbiß bei „Barcomi's Bagels" in den Sophie-Gips-Höfen und warte auf die blau-rot-gelbe Erleuchtung der Gänge durch die Kunst. Dann ist die Zeit reif, zum prallen Leben in die Hackeschen Höfe zu streben ...

Sophienstraße, Mitte, S Hackescher Markt, U Weinmeisterstraße

Sowjetisches Ehrenmal Schönholz | Faszination eines einsamen Ortes

ULRICH ECKHARDT

Einen persönlichen „Lieblingsort" kann man diese verschwiegene Gedenkstätte nur schwerlich nennen. Es klänge allzu harmlos angesichts der geschichtlichen Bedeutung dieses Gräberfelds, auf dem 15.000 der 200.000 Rotarmisten bestattet sind. Sie starben in der dreiwöchigen letzten großen Offensive, die zur Eroberung von Berlin führte und ihr Ende mit der Kapitulation am 2. Mai 1945 fand. Was macht die anhaltende Faszination dieses einsamen Ortes aus? Nur selten trifft der Besucher auf einen anderen Menschen, obwohl das Stadtzentrum ganz nahe ist. Das Alleinsein in der weitläufigen, symmetrisch geschlossenen, hierarchisch geordneten Nekropole zwingt zum Nachdenken und Nachfragen. Nicht der pathetische Gestus von Sieg und Niederlage, sondern eine stumme Präsenz in menschlichen

Dimensionen, Trauer und Nachdenklichkeit bestimmen die Empfindung. Daran ändern auch die eingemeißelten oder in Bronze gegossenen Stalin-Zitate nichts.

Einzelne Bronzebuchstaben fehlen überall; bemerkenswert ist aber, wenn ein ganzer Satz dem Vandalismus zum Opfer fiel: „Sie gaben ihr Leben für eure Zukunft." Indes ist das die offensichtlich verdrängte, reine historische Wahrheit. In selbstgerechten Festreden am 50. Jahrestag des Grundgesetzes fehlte zumeist der historisch notwendige Hinweis: Ohne Befreiung vom Faschismus, ohne Niederringung des nationalsozialistischen Terrors, ohne Niederschlagung der deutschen Diktatur über Europa kein Aufbau eines demokratischen Gemeinwesens – und die größten Opfer brachten die Völker der Sowjetunion. Zivilbevölkerung und Armee ertrugen unermeßliches Leiden, erduldeten unvorstellbare Greuel. Die Früchte ihres Krieges konnten sie nicht ernten. Heute stehen sie als die Verlierer der Geschichte da. Die vor zehn Jahren abgezogene Rote Armee hinterließ Ehrenmale als Monumente des Triumphs und der Trauer und überantwortete sie unserer Fürsorge, an der es allenthalben mangelt. Aus den Obelisken wächst eine Birke, und durch undichte Fugen dringt das Wasser.

Triumph und Trauer: Das sowjetische Ehrenmal

Die Schädelstätte ist ein Lernort: Über 25 Millionen sowjetische Soldaten waren am Kampf gegen Hitlerdeutschland beteiligt. Die Gesamtzahl der zivilen und militärischen Todesopfer ist bis heute nicht genau bekannt. Nach neueren Berechnungen dürften es zwischen 25 und 30 Millionen Todesopfer gewesen sein. Alleine am Beginn des Vernichtungsfeldzuges mit dem Namen „Barbarossa" von

Juni bis Dezember 1941, also in nur einem halben Jahr, verlor die sowjetische Armee 5 Millionen Soldaten, 2 Millionen auf den Schlachtfeldern und 3 Millionen in deutscher Kriegsgefangenschaft.

Eine wirkliche Auseinandersetzung mit diesen historischen Fakten gab es nach 1945 nicht und gibt es auch heute nicht in angemessener Weise. Diese historische Ungerechtigkeit ist unmittelbar erfahrbar, wenn man das sowjetische Ehrenmal im Volkspark Schönholzer Heide besucht.

Die Gräber überragt und überwölbt die große russische Mutter mit spitzengeklöppeltem Schultertuch, einer christlichen Pietá gleich betrauert sie ihren gefallenen Sohn, der mit einem Leinentuch bedeckt in ihren Armen ruht. Gebaut wurde die Anlage in den Jahren 1947 bis 1949, teilweise aus dem Marmor der zerstörten Reichskanzlei und aus dem Granit, der an der Oder für den Bau eines gigantischen nationalsozialistischen Siegesdenkmals gelagert war.

Zwischen Germanenstraße, Waldsteg und Friesenstraße, Pankow, S Schönholz

Spree-Oase „Café Buchwald" | Geist und Macht

Wer das „Café Buchwald" betritt, Bartningallee, Ecke Holsteiner Ufer, taucht in eine der letzten Oasen der guten, alten Familiencafés (seit 1870) ein. Bei kühlerem Wetter genießt man die Köstlichkeiten der hauseigenen Konditorei (besondere Empfehlung: Baumkuchen) gleichsam im Wohnzimmer. Nichts scheint sich hier seit den fünfziger Jahren verändert zu haben, keine zeitgeistigen Anleihen beim Ambiente, nur tagesfrische Presse verweist auf die Gegenwart. Im Sommer lädt draußen ein winziger Vorgarten zum Verweilen ein. Hinter der dicken Hecke, im Zaubergärtlein mit üppiger Rosenpracht, kann man in Ruhe Pläne schmieden für weitere Exkursionen. Denn das „Café Buchwald" liegt strategisch günstig: Entweder ein paar Schritte ans malerische Spreeufer mit Blick auf die imposanten futuristischen Glaspaläste des ‚Neuen Berlin' gegenüber (alte Bolle-Meierei mit neuem Innenministerium) oder rechter Hand, wenige Meter in's Hansaviertel, einst West-Berlins architektonischer Aufbruch in die Nachkriegsmoderne der fünfziger Jahre schlendern, um die individuellen Hochhäuser von Alvar Aalto, Walter Gropius oder Arne Jacobsen zu bestaunen. Und wer seismographisch genau die Lage sondiert, wird plötzlich spüren, wie nah sich Kunst (Akademie der Künste im Hanseatenweg) und Macht (Schloß Bellevue) vom „Café Buchwald" aus gesehen kommen.

So betrachtet hat das „Café Buchwald" niemals den Anschluß an den Zug der Zeit verloren – obwohl es einfach stehengeblieben ist.

Bartningallee, Ecke Holsteiner Ufer, Tiergarten, S Tiergarten, U Hansaplatz

Stadtring | Auf der Autobahn nachts ... um halb eins

Eine Autobahn mitten durch die Stadt hat ihre Reize – besonders nachts, wenn alle Katzen grau und alle Lichter magisch sind. Eine Fahrt quer durch, bei mäßigem Tempo, möglichst entspannt als Beifahrer, gehört für den Liebhaber metropolitanen Flairs zu den schönen Berlin-Ansichten. Beginnen sollte die Reise ganz unten, im tiefsten Neukölln, wo der heftig umstrittene Stadtring vorläufig endet oder – in unserem Sinne – in einem schaurigen Gewerbegebiet an der Gradestraße beginnt.

Aller Anfang ist häßlich, kurvig schlängelt sich das Automobil durch eine Betonwüste, bis sich – ganz unerwartet – das Tempelhofer Feld, der alte Stadtflughafen also, mit seinen hunderten von roten, blauen und gelben Lichtern geheimnisvoll-majestätisch darbietet.

Ganz hinten, dunkel-monumental, wartet das riesige Flughafengebäude auf das eher gemächliche Leben des neuen Tages. Dann wieder als Kontrastprogramm öde Gewerbeflächen, verstreute Industriebauten aus besseren Zeiten, große Tunnel und krakenartige Verzweigungen, bis hinter dem Steglitzer Kreuz in Richtung Wilmersdorf die Stadt ganz nahe heranrückt. Große, alte Werbeflächen an den typischen Brandmauern, einzelne erleuchtete Fenster, lockende Leuchtreklamen und die sich unvermutet als Wegbegleiter hinzugesellende S-Bahn verbreiten urbane Vertrautheit. Berlin kommt, bedrohlich tauchen die Schornsteine des Wilmersdorfer Kraftwerks auf, bis Sekunden später, nach neun Kilometern, ertstmals als filigranes Kunstwerk der festlich illuminierte Funkturm grüßt, der unaufhaltsam größer wird – je näher man der Abzweigung zur Avus kommt und je nachhaltiger das schlafende Ungeheuer, der Koloß ICC, Aufmerksamkeit beansprucht. Wir sind an der Hauptschlagader des Stadtringsystems: Der Verkehrsstrom ist auch gegen Mitternacht ungebrochen, und zwischen Fahrbahn und Gegenfahrbahn schiebt sich für wenige Kilometer das lange tote, gerade wiederbelebte S-Bahn-Biotop, während die Charlottenburger Häuserzeilen weit nach oben entrücken.

Es ist für Augenblicke die perfekte Berliner Stadtlandschaft, eine schöne und faszinierende Collage für alle urbanen Nachtgestalten mit leichtem Hang zur Melancholie. Auf sanft ansteigenden Kurven nähert man sich der immer noch beeindruckenden Siemens-Stadt, deren spät-expressive und zugleich neu-sachliche Monumental-Architektur nur an den roten Lichtern ihrer Turmbauten zu erahnen ist. Hier, nach 15 Kilometern sind die eigentlichen Höhepunkte erreicht, wer jetzt noch die Trostlosigkeit in Beton gegossener Projektionsflächen für die eigenen Stadtphantasien braucht, wählt die Abfahrt Hamburg, läßt den langweili-provinziellen Flughafen Tegel links liegen, durchmißt klaglos die vielen Tunnel, ignoriert die endlosen Lärmschutzwände in der schönen Gewißheit, daß rechter Hand verborgen Berlins heimlicher Luftkurort Frohnau und die kleinbürgerliche Welt des Tegeler Sees wartet.

Tief schlummert die große Stadt. Ausfahrten wie Waidmannsluster und Hermsdorfer Damm künden nach annähernd 25 Kilometern von ländlichem, friedlichem Charme. Wer es bis zum offiziellen Ende nach gut 30 Kilometern Stadtring geschafft hat, wende bei der Ausfahrt Stolpe in Brandenburg und kehre zurück nach Berlin. Denn wieder ist alles ganz neu und anders, atemberaubend majestätisch breitet sich nach 20 Kilometern die Siemens-Stadt, der Funkturm, Charlottenburg und Wilmersdorf vor dem ermatteten Flaneur aus, der jetzt einfach die Ausfahrt Halensee hinter dem Funkturm nimmt und wieder einmal die Wahl hat: Kurfürstendamm (links) oder Grunewald (rechts), spätes Vergnügen oder sanfter Schlummer ...

Strandbad Wannsee | Kurzurlaub von der Metropole

Um zunächst einmal mit Zahlen zu prahlen: Das Strandbad Wannsee, 1929/30 von Baustadtrat Martin Wagner und Architekt Richard Ermisch konzipiert, ist das größte Binnenbad Europas. An heißen Tagen halten sich bis zu 30.000 Badegäste in der geräumigen Freiluftanlage an den Hängen des Grunewalds auf.

Der Strand ist heute über 80 Meter breit und wird von mehreren Strandkorbreihen strukturiert. Eine doppelstöckige, 534 Meter lange und 6 Meter breite Promenadenstraße – eine mit gelben Tonziegeln verkleidete Stahlskelettkonstruktion – befriedigt mit ihren zahlreichen Läden, einem Friseur und verschiedenen Restaurants die unterschiedlichsten Bedürfnisse der großstadtmüden Sommergäste, von denen bereits in der ersten Saison 1930 1,3 Millionen gezählt wurden. Ein sicheres Indiz dafür, daß die Rechnung der Planer, die „zivilisatorischen und kulturellen Bedürfnisse des Großstadtmenschen mit seinen alteingewurzelten Naturempfindungen" verknüpfen zu wollen, am Havelstrand aufgegangen ist.

Doch natürlich bedeuten Zahlen nicht alles, wenn es mit dem noch immer legendären Schlager heißt: „Pack die Badehose ein ..." Das Strandbad Wannsee entstand gegen Ende der Weimarer Republik auch als zumindest temporärer Ausgleich für die sozialen und hygienischen Unzulänglichkeiten des ‚steinernen Berlin'. Noch heute erscheint ein Besuch der im Sommer überfüllten, vor und nach der Saison jedoch angenehm luftigen Anlage wie ein Kurzurlaub von der Metropole. Baden oder Tretbootfahren als Korrektiv für überspannte Großstadtnerven. Und auch die nicht mit der Architekturgeschichte vertrauten Badegäste spüren es: Der menschliche Gestaltungswille der späten zwanziger Jahre sorgt dauerhaft für entspannte Funktionalität.

Naturempfindungen des Großstadtmenschen: Das Strandbad Wannsee

Bereits der oberhalb der Promenade liegende Eingangsbereich, von dem aus sich übrigens eine sehr schöne Aussicht über Teile der Havellandschaft weit über Schwanenwerder hinaus eröffnet, erinnert mit seinen ortstypischen Nadelbäumen, gepflegten Rabatten und Wasserspielen an einen märkischen Kurort mit verbriefter Erholungsgarantie.

Wannseebadweg 25, Zehlendorf, S Nikolassee

Tempelhofer Ufer 23/24 | Ein Blick aus dem Fenster

Fensterblicke haben Tradition in der Berliner Kunst – Malerei und Literatur griffen dieses Wahrnehmungsmuster und Motiv immer wieder auf. E.T.A Hoffmanns alter Vetter, Fontanes Witwe Pittelkow, der alte Baron, Raabes Sperlingsgasse, Kunerts S-Bahn-Impressionen, Menzel, Corinth, Heldt, usw.: Sie alle wußten, die große Stadt erschließt sich vom Beobachtungsposten Fenster aus in all ihren Facettierungen, Kontrasten und Konstellationen.

Der Blick direkt aus dem Fenster des Verlags: der nie erlahmende Verkehr der breiten Straße, daneben das trübe, kaum bewegte Wasser des Landwehrkanals mit herrlicher Uferböschung und netten, kleinen Ausflugsdampfern, dahinter und darüber die U-Bahn quietschend auf den Stelzen. Kurz nach links gewandert, und schon gerät das über der Straße schwebende Propellerflugzeug des Deutschen Technikmuseums ins Blickfeld, während an einer Häuserschlucht die U-Bahn plötzlich auftaucht und dem Bahnhof Möckernbrücke zustrebt. Wie in einer großen szenischen Collage türmen sich dahinter die Hochhäuser des Potsdamer Platzes auf glänzende Kräne, blickt der Fernsehturm am Alex, trotzen trostlose Siebziger-Jahre-Architektur oder die Currywurstbude an der Ecke den schweifenden Blicken. Alles mischt sich, geht turbulent durcheinander und kommt nie zur Ruhe, Schwäne und Enten treiben ruhig auf dem Kanal, der fleißige Schäferhund „Kommissar Rex“ schnüffelt emsig im Gras der Uferböschung nach Rauschgift und drüben, in Oswald Mathias Ungers’ kantigem Familiengericht, mahlen die Mühlen der Justiz – schönes Berliner Leben ...

Tempelhofer Ufer 23/24, Kreuzberg, U Möckernbrücke

Theater des Westens | Reihe 10, etwa in der Mitte ...

SIEGFRIED SCHMIDT-JOOS

Nehmen wir mal „Gypsy" als Beispiel. Angelika Milster ruft an: „Helmut Baumann hat mir eine Hauptrolle angeboten, in der ich mal alles vorzeigen kann. Welche, denkst du, soll ich mir wünschen?" Ich sage: „Gypsy". Die Mama Rose ist eine der großen dramatischen Rollen der Musical-Literatur, und „Gypsy" mit der Musik von Jule Styne und Songtexten von Stephen Sondheim wurde in Berlin noch nie gespielt. Ein paar Tage später der Rückruf: „Es hat geklappt!"

Das schaurig-schöne TdW: Broadway an der Kantstraße

Wer wie ich das Bühnengeschehen der Musical-Metropole New York seit Jahrzehnten hautnah verfolgt, wünscht sich bei mancher Aufführung: Das sollten wir auch in Berlin sehen. In der Ära Baumann im Theater des Westens (1985-1999) ist das auch ohne Anstoß von außen oft wahr geworden. Nicht selten hat die Presse das TdW „Broadway an der Kantstraße" genannt – durchaus zu recht und von alters her. Die Geschichte des Musicals in diesem Land hatte schließlich 1961 mit „My Fair Lady" hier begonnen. Ich liebe das Haus seit damals und mehr noch seit 1965, als ich für die deutsche Schallplattenfassung von „Annie Get Your Gun" (auf Philips) gewissermaßen in der Kulisse stand.

Ich kenne das TdW, in dem mit Elmar Ottenthal nun eine neue Ära beginnt, auf allen Ebenen und in jeder Produktionsphase. Radio-Interviews mit dem Regisseur, den Protagonisten und/oder dem Musikalischen Direktor gehen der Show voraus. Vielleicht ein Besuch bei den Proben, ein erster Gesamteindruck beim Durchlauf für Fernsehen und

Presse. Dann die Hochspannung des Premierenabends. Vielfach wurde zwischen Hauptprobe und First Night noch soviel verändert und entwickelt, als sähe man ein ganz neues Stück.

In der Pause aufgeregte Fachsimpelei im oberen Foyer. Wie finden es die Kollegen? Vor dem zweiten Alkt schnell nochmal ins „Herren Cabinet" – wie immer zu spät. Die anderen müssen nochmal aufstehen, wenn ich mich in die Reihe dränge – Gesichts- oder Gesäßzuwender, das ist hier die Frage, wie auch Kollege Wilfried Rott aufmerksam zu unterscheiden pflegt. Der Blick in die Gesichter verrät schon nach der Pause etwas vom späteren Schlußapplaus. Reihe 10, etwa in der Mitte – das ist mein schönster Platz in Berlin.

Kantstraße 12, Charlottenburg, U Zoologischer Garten

Tiergarten | Friedrich der Große kreuzt die Raver

MORITZ RINKE

Die großen Äste der alten Spree-Bäume hängen im Sommer immer so grün und schwer über dem Ufer, daß fast nur in der Mitte das Licht auf das Wasser fällt. An den Rändern ist es ganz dunkel, da sieht man nur, wie sich die schweren Äste im Wasser spiegeln; und wenn der Wind weht, streicheln sie sogar manchmal die Oberfläche.

Also ich hoffe, daß das jetzt sehr elegisch klingt, weil ich wirklich wahnsinnig gern am Spreeufer liege. Besonders an dieser Stelle. Mit einem Auge kann man ja noch die Großstadt, die Hauptstadt sehen und ich meine mit der Siegessäule natürlich die deutsche Geschichte; und andererseits liegt man im Gras und hört, wie die alten Äste sich im Wind biegen oder es tönen die Lautsprecher der vorbeifahrenden Touristenschiffe. Da höre ich dann immer: „Als Friedrich der Große ..." oder: „Vor uns die Straße des 17. Juni ..." Dann denke ich über die Juni-Aufstände nach, über das, was ein paar hundert Meter weiter im Osten alles passiert sein muß, aber viel lieber stelle ich mir den Engel vor: Bruno Ganz, der ganz oben in Wim Wenders' wunderbarem Film auf der Siegessäule steht und zu den Menschen hinunterfliegt in diesen schrecklichen Autostern, wo man andauernd von der Verkehrspolizei angehalten wird und Strafzettel bekommt, weil wirklich kein Mensch weiß, wie er hier die Ordnung einhalten soll.

Tiergarten: Die Goldelse immer mittenmang...

Ja, und das ist auch nur hundert Meter entfernt von diesem wunderbaren Platz im Gras, wo die alten Spreeäste das Wasser streicheln. Und im Sommer, im Juli, wackeln die Spreeäste im Techno-Beat, da ist hier Love-Parade, direkt hier im Gras, im Wasser und auf der Straße des 17. Juni. Dann kreuzt Friedrich der Große die Raver, und Bruno Ganz, der Engel, guckt auf den Stern hinunter und lacht über die Ordnung der Verkehrspolizei.

Um den Großen Stern, Tiergarten,
S Tiergarten, Unter den Linden

Tierpark Friedrichsfelde | Bären an der U-Bahn und Schloß im Zoo

Auch im Reich der Tiere hatte es mit der Wiedervereinigung so seine Probleme. Wenn ein Tierpark mit Schloßanbindung in der einwohnermäßig kleineren Stadthälfte (des ehemaligen Ost-Berlin also) nach der Wende in den Schatten des Zoologischen Gartens zu geraten droht, regt sich nicht nur im Affenhaus Protest. Als Zweit- und zudem sehr Spätgeborener kann der Tierpark zwar für sich in Anspruch nehmen, flächenmäßig größer zu sein, eine Freilichtbühne für 5.000 Zuschauer zu bieten, dafür muß er mit dem Makel leben, über weniger Tiere und Arten zu verfügen.

Aber was macht's? Der Tierpark Friedrichsfelde mit dem Schloß lohnt den langen Weg über sozialistische Avenuen in die öden Vorstadtbezirke voller Plattenbauten, hat er doch einen ganz anderen Charakter als der Zoo. Seine nicht einmal 50jährige Historie ist unmittelbar mit der DDR verbunden. Das stört keinen, denn die Liebe des Berliners zum Tier an sich ist ein Phänomen über alle Namen und Systeme hinweg.

Inmitten des historischen, auf den Großen Kurfürsten Friedrich Wilhelm zurückgehenden Lustgartens und Schloßparks Friedrichsfelde im Bezirk Lichtenberg wurde am 2. Juli 1955 der Tierpark Berlin-Friedrichsfelde eröffnet. Bereits in den zwanziger Jahren hatte es Bemühungen gegeben, zusätzlich zum Zoologischen Garten im Westteil der Stadt einen zweiten Tierpark am östlichen Stadtrand einzurichten. Gegründet wurde er allerdings erst vor dem Hintergrund der deutschen Teilung. Somit zählt der Tierpark in Friedrichsfelde zu den zahlreichen Doppelinstitutionen, die Ost- und West-Berlin bis zur deutschen Wiedervereinigung hervorgebracht haben.

Mit einer Fläche von insgesamt 160 Hektar und über 8.000 Tieren gehört der Tierpark heute zu den größten der Welt. Die weitläufige Anlage ist durch große Freigehege gekennzeichnet, die behutsam in den historischen Park integriert wurden. In der Tradition eines fürstlichen Tiergeheges – bereits Peter Joseph Lenné vermerkt in seinem „Friedrichsfelder Gartenplan“ von 1821 einen „Tiergarten“ – hat man sich hier eine Verbindung aus Erholung, Bildung, Forschung und Arterhaltung zum Ziel gesetzt. In den nur durch Gräben von den Besuchern getrennten Freiflächen sind vor allem seltene Huftiere in zum Teil europa- bzw. bundesweit einzigartigen Zuchtgruppen zu beobachten, darunter Takinen, chinesische Blauschafe, kanadische Moschusochsen und Schneeziegen sowie Kiangs aus dem Himalaja. Zahlreiche von in der Natur ausgerotteten Arten – Arabische Oryx-Antilopen, Vietnam-Sikahirsche, Urwildpferde und Mhorr-Gazellen – pflanzen sich hier regelmäßig fort und werden, wenn möglich, in den angestammten Regionen wiederangesiedelt.

Zu den weiteren Großbauten des Tierparks zählen das 1963 eröffnete Alfred-Brehm-Haus mit Groß- und Kleinkatzen, eine Tropenhalle, die neben Pflanzen und Vögeln aller Kontinente eine Kolonie von indischen Riesenflugfüchsen beheimatet, das 1989 eröffnete Dickhäuterhaus mit Elefanten, Nashörnern und Seekühen, das Krokodilhaus mit Kolibri-Flugraum und Schlangenfarm sowie das 1997 eröffnete Afrikanum II, in dem afrikanische Wüstenantilopen leben. Sehenswert ist darüber hinaus das Bärenschaufenster an der U-Bahn-Station Tierpark, in dem von der Straße aus Kamtschatkabären in einer Felsanlage beobachtet werden können. Das ist schön, und wer sich an den vielen Tieren immer noch nicht sattgesehen hat, flaniert en passant am Schloß Friedrichsfelde (gehört als Museum zur Stiftung Stadtmuseum) aus dem späten 17. Jahrhundert und beginnt in Lennés Garten (zumindest in seinen Resten) aus dem frühen 19. Jahrhundert zu lustwandeln. Das kann ansonsten kein Zoo der Welt bieten!

Am Tierpark 125, Friedrichsfelde, U Tierpark

Treptower Park | Pathos im Grünen und Erlebnispark für die Familie

Ausflüge mit Pläsir sind des Berliners Leidenschaft. Was für die ‚besseren Kreise' eine aufwendig-exklusive Landpartie mit viel Personal und Equipage bedeutete, war für die ‚kleinen Leute' oft nur eine Ausfahrt mit Familie und entsprechend volkstümlicher Lokalität für den Spaß und das leibliche Wohl. Die Volksparkbewegung in der zweiten Hälfte des 19. Jahrhunderts hat in Berlin grüne Lungen geschaffen, in denen jeder sich in unmittelbarer Nähe zu den Wohnquartieren erholen oder unterhalten konnte. Der Treptower Park ist der größte und schönste dieser Volksparks, durch ihn weht trotz mannigfaltiger Umbauten und Kriegszerstörungen noch immer der gute Geist des 19. Jahrhunderts.

Gemeinsam mit dem anschließenden Spreepark und dem Plänterwald bildet der 1867 bis 1888 nach Plänen des Stadtgartendirektors Gustav Meyer und dessen Nachfolger Hermann Mächtig im englischen Landschaftsstil angelegte Treptower Park eines der beliebtesten Naherholungsgebiete Berlins. 1896 fand in der als Freizeit- und Erholungspark definierten Anlage die große Berliner Gewerbeausstellung statt, bei der u.a. das damals längste Fernrohr der Welt des Astronomen Friedrich Simon Archenhold aufgestellt und damit der Grundstock für die 1908/09 im östlichen Teil des Parks erbaute Archenhod-Sternwarte gelegt wurde. Die Neugestaltung der im Zweiten Weltkrieg zerstörten Parkanlage erfolgte Ende der vierziger Jahre. Im November 1949 wurde im südwestlichen Abschnitt das Sowjetische Ehrenmal eingeweiht, dessen ernster, pathetischer Charakter recht gut mit der heiteren Stimmung des übrigen Parks korrespondiert.

Der Weg zur Gedenkstätte führt durch große rundbogige Granitportale an der Puschkinallee und der Straße Am Treptower Park. Die Zugangsalleen münden in den Vorhof mit der 3 Meter hohen Sitzfigur „Mutter Heimat". Eine breite, von Trauerbirken flankierte Promenade führt schließlich zum eigentlichen, 500 Meter langen und 200 Meter breiten Ehrenhain, der durch zwei stilisierte gesenkte Fahnen aus rotem Granit betreten wird, vor deren Stirnseiten Bronzefiguren knieender Rotarmisten aufgestellt sind. Zu beiden Seiten der Gemeinschaftsgräber auf dem Friedhofsparterre erheben sich jeweils acht quergestellte Kalkstein-Sarkophage, die die ehemaligen 16 Unionsrepubliken symbolisieren und mit Reliefdarstellungen aus dem ‚Großen Vaterländischen Krieg' (1941-1945) versehen sind. Weitere 200 Rotarmisten ruhen unter dem 30 Meter hohen Mausoleumshügel, dem Zentrum der Gedenkstätte. Der rundumlaufende Mosaikfries (8.000 verschiedene Farbtöne) im Innenraum mit einem Durchmesser von fünf Metern zeigt die Vertreter der 16 Unionsrepubliken bei der Totenehrung. Das Mausoleum wird von der Bronzefigur eines jungen Sowjetsoldaten gekrönt, in dessen Armen ein gerettetes deutsches Kind und zu dessen Füßen ein zerschmettertes Hakenkreuz liegt.

Wem weniger nach Pathos im Grünen der Sinn steht, der erkunde das ganze riesige Areal mit Spreepark und Plänterwald. Der 1969 unter dem Namen „Kulturpark Berlin" eröffnete Spreepark im nördlichen Abschnitt des Plänterwalds an der Spree ist der einzige ständige Vergnügungspark Berlins. Hauptattraktion ist wie schon vor der Wende das 45 Meter hohe, weithin sichtbare Riesenrad.

Für Literaturkenner: Zu den Besonderheiten des Ortes zählt die an einer Schiffsanlegestelle an der Spree gelegene Gaststätte „Eierhäuschen". Das 1837 eröffnete Lokal ist eines der Ausflugsziele in Theodor Fontanes Roman „Der Stechlin".

Für richtige Spaziergänger sei aber die über vier Kilometer lange Uferpromenade empfohlen, beginnend am unteren Ende des Plänterwaldes, an der Baumschulenstraße. Wer vorher mit dem Auto die Neue Krugallee heruntergefahren ist und aufmerksam die Siedlungen studiert hat, bekommt, gleichsam en passent, einen architekturgeschichtlichen Schnellkurs über modernen Siedlungsbau vom Backstein-Expressionismus über bauhausgeprägte Neue Sachlichkeit, fünfziger Jahre-Moderne bis hin zur prosaischen Platte der siebziger und achtziger Jahre vermittelt. Danach kann man sich am Ufer der Spree kilometerlang dem Kontrastprogramm Natur, Wasser und Industrie hingeben und ist vermutlich beeindruckt von dieser unverwechselbaren ‚Berliner Mischung'.

Schließlich bleibt – aus körperlichen wie nostalgischen Gründen – nur noch die Erfrischung im „Zenner“, seit gut 180 Jahren traditionelles Ausflugslokal mit Blick auf eine bizarre kleine Insel. So wechselvoll wie die Historie des Gasthauses (der Name rührt von einem Pächter her), so typisch berlinisch, das heißt leicht grotesk, wirkt auch die „Insel der Jugend“ (so die DDR-Bezeichnung). Wie ein verwunschenes FDJ-Kythera, durchsetzt von kitschiger Neoromantik der Jahrhundertwende mit Abteiruine, historisierenden Brückentürmen und ‚Gußeisenbeton-Einbogen-Brücke' mitten aus dem Ersten Weltkrieg mutet die alte „Abteiinsel“ (in alten Karten auch „Neuspreeland“ getauft) an. Und der gute alte „Zenner“ aus dem 19. Jahrhundert überlebte den Zweiten Weltkrieg und stand 1955/56 im besten Zuckerbäckerstil des Stalinismus wieder auf, bevor er im real existierenden Kapitalismus der Nachwendezeit gleich doppelt mutierte: Zur „Eierschale“ und zum Drive-in-„Burger-King“. Wenigstens herrscht auf der großen Terrasse zur Spree noch die alte Wirtshaus-Seligkeit, ansonsten hilft nur die Flucht in den nahen „Rosengarten“ oder auf die „Insel der Jugend“:

Auf 230 Hektar vereinigt der Treptower Park/Plänterwald, so Fontane, märkisches Disneyland, deutsch-amerikanische Gasthausfreundschaft, neoromantischen Kitsch, russisches Denkmalspathos mit preußischer Landschaftsgartenkunsberlinischem Dikicht und Spreeblick – wer bietet mehr, was kann es Schöneres geben?

Zwischen Elsenstraße, Am Treptower Park und Köpenicker Landstraße, Treptow, S Treptower Park, Plänterwald

Unter den Linden | Impressionen aus dem Caféhaus

GERALD UHLIG

Seit Frühling 1996 führt es mich täglich Unter die Linden. Nicht als Bauunternehmer, Ordnungsbeamter oder passionierter Jogger, sondern als Caféhausbesessener und Boulevardliebhaber. Deshalb bin ich Mitinhaber des Café „Einstein" Unter den Linden. So konnte ich in den letzten drei Jahren „caféhautnah" miterleben, welche Hürden die berühmteste Straße unseres Landes zu nehmen hatte, um sich zu einem Flanierboulevard zu entwickeln. Nach gelungener Eröffnung des Caféhauses folgte eine Zeit menschenleerer Tristesse. Ich hatte damals das Gefühl, die Linden wären eine Verbindungsstelle zwischen zwei Wüsten ohne Hitze. Jede politische Gruppierung hatte eigene Pläne zur Gestaltung und Belebung des Boulevards, mit dem Ergebnis, daß sich gar nichts tat. Ich blicke oft vom Caféhaus auf das gegenüberliegende Bundestagsgebäude, das 1996 bereits bezugsfertig war. Es blieb ein Geisterhaus, weil unsere Politiker das übergemütliche Bonn nicht verlassen wollten. Angesichts dieser traurigen Linden tagträumte ich mich bei einer Melange nach warmen, belebten Orten. Mögen doch die sanften Wellen des Indischen Ozeans ans Brandenburger Tor schlagen und die schwarzen Perlen sinnlich den Boulevard entlangschlendern. Aber so tröstete ich meine Sehnsüchte am Geruch von Wiener Apfelstrudel und frisch gerösteten Kaffeesorten.

Einmal, im Frühjahr 1997, spazierte ein Mann mit Borsalino vom Adlon die Linden entlang ins Einstein. Er hieß Udo und sagte trocken in hanseatischem Tonfall: „Lindenberg gehört unter die Linden!" Ich antwortete: „Ahoi!" Dann besangen wir zur geheiligten Stunde des Aperitifs die Pläne zu einer Lindenberg-Ausstellung. Es wurde ein Riesenerfolg. An diesem Tag wurde die „Galerie im Einstein" geboren und Künstler wie Dennis Hopper, Helmut Newton, Karl Lagerfeld, Wim Wenders folgten.

Weitere Projekte, wie den Mittelstreifen Unter den Linden durch Cafétische und Stühle zu beleben, waren dagegen ein zähes Unterfangen. Die beamteten Kontrolleure sperrten sich mit dem ewiggleichen

Satz: „Sanitäre Anlagen fehlen und die Einstein-Kellner müssen, um die Gäste zu bedienen, die Fahrbahn überqueren. Geht nicht!" Für die Medien war es ein gefundenes Fressen, fast täglich über den Berliner Kleingeist zu berichten. Schließlich hat man sich dann doch weltstädtisch geeinigt. Da vom Mittelstreifen direkt ein Ampelüberweg ins „Einstein" führt, kann gehen, wer muß. Einzige Auflage für die „Einstein"-Kellner: „Zur Sicherheit der Gäste muß Aufklärungsarbeit geleistet werden. Bei rot stehen, bei grün gehen!" Wir haben den Behörden versichert, daß der Gästekreis des Café „Einstein" einer solchen Sicherheitsverordnung geistig gewachsen ist.

Wien, Paris...: Berlin!
Das Einstein Unter den Linden

Heute sind die lindenüberquerenden „Einstein"-Kellner mit ihren gefüllten Tabletts eine begehrte Augenweide für Mitte-Besucher. Ein Bild, das wir seit Jahrzehnten verbinden mit den Flanierboulevards von Paris, Madrid oder Buenos Aires. Im Frühherbst 1999 schien die Lindendurststrecke fürs erste überwunden. Die öffentliche Begehung der Reichstagskuppel, die langsam anschwellende Präsenz der Bonner, die architektonische Vielfalt der Mitte, Veranstaltungen von der Hanf- bis zur Love-Parade, Theater- und Opernaufführungen, all dies bietet Anziehung und Grund, einen Flaniergang Unter den Linden einzulegen. Nicht nur bei zahlreichen Berlin-Mitte-Besuchern, auch bei der Politik hat sich herumgesprochen, daß das Café „Einstein" Unter den Linden (Der „Louvre der Caféhäuser", New York Times) ein Ort ist, wo auf hohem Niveau europäische Caféhauskultur vermittelt und gelebt wird, auch wenn Joschka Fischer noch ein Anfänger in Sachen ‚Genießen' ist : Neulich jedenfalls stürzte er seinen Espresso in einer Geschwindigkeit herunter, als hätten sich all die Krisenherde dieser

Welt an diesem Vormittag vertausendfacht. Katarina Witt dagegen beherrscht die Kunst des professionellen Caféhausmüßiggangs. Mit viel Zeit und höchster Entspannung nimmt sie ihren „Iced Cappuccino“ zu sich. Dennis Hopper, der seit seiner Ausstellung in der Galerie im „Einstein“ fast monatlich vorbeischaut, „Euer Schnitzel ist besser, als die meisten Filme, in denen ich gespielt habe!“ Hopper gehört zu den wahren Weltstadtflaneuren: Havanna-Cigarre, Sonnenbrille, feinste Anzüge.

Dennis: „I like Berlin. But why sind die Leute hier so schlecht angezogen?“

Gerald: „Weißt du, ich habe drei Jahre gebraucht, um mich in die Linden zu verlieben. Und eine wirkliche Liebe braucht Zeit und Geduld. Spätestens in drei Jahren werden unsere Augen auf stilvoll gekleidete Menschen schauen. Vielleicht auch früher. Vielleicht auch nie.“

Dennis (lacht, wie nur Dennis lachen kann): „Kennst Du das süße Mädchen dort vorn am linken Tisch vor dem Fenster. Gefällt mir! Wirklich gut! Laden wir sie auf einen Drink ein ...“

Und so folgt eine weitere Stunde des geheiligten Aperitifs im Café „Einstein“ Unter den Linden.

Unter den Linden 42, Mitte, S Unter den Linden, S, U Friedrichstraße

Der Parkplatz Unter den Linden | Ein Ort zum Schauen

WILFRIED ROTT

Parkplätze sind nützlich, aber häßlich. Die Autoabstellfläche am Beginn der Linden macht da keine Ausnahme. Inmitten der barockklassizistischen Umgebung ist die Ansammlung der Blechkarossen sogar eine besondere Scheußlichkeit. Steht man freilich inmitten der Autos, dann kann man gut über sie hinwegsehen, so wie es der große Friedrich auf seinem Denkmal hoch zu Roß tut, wenn er nicht gerade zwecks Auffrischung von seinem Sockel geholt wurde. Natürlich ist es Barbarentum, zu Füßen eines imperial-eindrucksvollen Monuments einen schnöden Parkplatz einzurichten. Aber die ruhenden Autos sind allemal besser als paradierende Soldaten, die im Stechschritt sozialistischen Militarismus vorexerzieren, wie es noch vor wenigen Jahren der Fall war.

Macht man sich den Blick des monumentalen Friedrich zu eigen, dann freilich hat man einen majestätischen Rundumblick, den man nicht zu weit schweifen lassen sollte. Denn in Sichtweite fläzt sich noch immer der Palast der Republik ziemlich ungehörig hin – und der Dom gegenüber posaunt ein sakral-imperialistisches „Es ist erreicht!“ hinaus, wo ein schmerzliches „Es ist vollbracht!“ am Platze wäre. Aber gleich daneben wird es besser. Schinkels Altes Museum gemahnt säulenreich an das Spree-Athen – und verstellt gnädig den Blick auf den Rest der maroden Museumsinsel, wo eine klägliche Schale mit bröckelndem Putz den prachtvollen Kern mit dem Pergamonaltar umschließt. Nach einem Blick auf die Schloßbrücke mit ihrem opulenten Figurenschmuck wird man leichten Herzens all dem, was sich da Richtung Alexanderplatz erstreckt, den Rücken zuwenden und vielleicht verstehen, warum der ewig vollgestellte Parkplatz ein Lieblingsplatz sein kann. Denn von hier aus sind es Katzensprünge zu wichtigen, interessanten, anregenden Orten.

Den Anfang macht das barocke Zeughaus, nun Deutsches Historisches Museum, mit einer ganz unmuseal von neugierigem Publikum brummenden Eingangshalle, einer wichtigen Dauerausstellung und überraschenden Sonderpräsentationen ein Besuchermagnet. Ist das Museum wegen Umbaus geschlossen, bleibt noch immer das Ausweichquartier des Kronprinzenpalais gegenüber, ein unechter Nachbau eines historischen Gebäudes und durch seine real-sozialistische Innengestaltung von merkwürdigem Reiz. Weiter geht der Blick auf die Staatsoper, die nach etlichen Zerstörungen auch nicht sonderlich echt, aber immerhin wieder dem Apoll und den Musen geweiht und Schauplatz eines repräsentativ-soliden Musiktheaters ist.

Nützliche Scheußlichkeit zu Füßen klassizistischer Pracht: der Parkplatz Unter den Linden

Der Platz daneben, einst naheliegenderweise Opernplatz, jetzt weniger überzeugend Bebelplatz genannt, ist heute kein Parkplatz mehr, hat damit an Schönheit und mit dem in den Erdboden versenkten Mahnmal an die hier stattgefundene NS-Bücherverbrennung an Tiefe gewonnen. Am Ende des Platzes die St. Hedwigs-Kathedrale, die inmitten des tendenziell unreligiösen Berlin einen geschmackvollen Akzent präsenter Kirchlichkeit setzt. Die barockisierende ‚Kommode' schließt den Platz mit einem Stück wuchtiger Architektur ab, ist als Bibliotheks- und Institutsgebäude inhaltlich vor allem für die Studenten der gegenüberliegenden Humboldt-Universität interessant. Diese selbst hat in der Nachwendezeit Ernst und Verschlossenheit abgelegt. Büchertische gemahnen an die Pariser Bouquinisten, und das viele junge Volk verstärkt das lockere Flair. In der Eingangshalle geht die eingemeißelte Marx'sche Feuerbachthese von der die Welt verändernden Philosophie in dem bunt-chaotischen Treiben einer heutigen Universität unter. Bleibt vom Rundumblick noch die Neue Wache – als Gedenkstätte umstritten, wegen der gegenüber dem Original vergrößerten, aber noch immer recht kleinen Käthe-Kollwitz-Plastik von Feingeistern verhöhnt, von der Laufkundschaft der Touristen aber gerne bestaunt.

Auch auf dem Parkplatz Unter den Linden lohnt sich noch der Blick hinter die Dinge, denn hinter der Neuen Wache liegt Wichtiges. Das Palais am Festungsgraben, einst Haus der Deutsch-Sowjetischen Freundschaft, ist für repräsentative Veranstaltungen in üppigem Dekor beliebt. Eingerahmt wird es demnächst auf der einen Seite vom Neubau des Deutschen Historischen Museums, mit dem Spitzenarchitekt Ieoh Ming Pei einen zeitgenössischen Akzent in der historischen Umgebung setzt. Auf der anderen Seite des Palais liegt etwas zurückgesetzt das Maxim Gorki–Theater, ehemals Domizil der Berliner Singakademie, das sich in den letzten Jahren vehement in den Vordergrund gespielt hat.

Das eben ist der Reiz dieses Parkplatzes am Beginn der Linden: Daß er ein Ort zum Schauen ist, aber erst recht ein Ort zum Erleben, zum Teilhaben am kulturellen Treiben der Stadt. Sein Auto freilich läßt man besser woanders stehen, weil der Parkplatz doch meistens voll ist – und sich hier alles wunderbar leicht zu Fuß erreichen läßt.

Unter den Linden, Mitte, S Unter den Linden, S, U Friedrichstraße

Viktoria-Luise-Platz | Schöneberger Behaglichkeit

Der Viktoria-Luise-Platz, mitten im Herzen der fast hamburgisch feinen Schöneberger Wohngegend rund um Nestor- und Ansbacher Straße ist vor allem zweierlei: edel und beschaulich. Wer hier wohnt, ist Lehrer, Anwalt, Arzt oder Architekt; wer hier speist, setzt das Salär auf die Spesenrechnung, und wer hier nachmittags von einer Parkbank aus in die Sonne, gegen die Wasserfontäne des Springbrunnens oder in die gepflegte Botanik blinzelt, sorgt sich höchstens um die herannahende Regenwolke. Der grüne Stadtplatz, wie viele Berliner Plätze auf Initiative privater Terraingesellschaften in den ersten Jahren des 20. Jahrhunderts angelegt, sollte die Attraktivität der damals neuen bürgerlichen Wohngebiete steigern; heute ist er Inbegriff eines zentralen Großstadt-Idylls, perfekt für einen lauen Sommerabend unter Kastanien und bei gutem Essen, für eine erholsame Mittagspause oder für die Kinderausführung auf den Spielplatz unterm Säulengang (auffällig viele Väter!). Von diesen Nachbildungen antiker Säulen ist auch der am anderen Ende des Platzes gelegene U-Bahn-Ein- und Ausgang umgeben: ein architektonisches Kuriosum, das das Eintauchen ins schnelle Berlin, in Tempo und Technik der damals brandneuen Untergrundbahn durch antike Erhabenheit parieren wollte.

Sein Charisma bezieht der Platz aber auch aus der geschlossenen, ovalen Anlage: ringsum von prächtigen alten Bäumen umgeben, lädt sie zum behütet-behaglichen Verweilen ein. Schon in den zwanziger Jahren fühlten sich Schriftsteller und Literaten vom Flair der Piazza angezogen: Sie bildete – neben dem nahegelegenen, durch die U-Bahn angebundenen Wittenbergplatz – das zweite, kleinere Zentrum vor allem der russischen Emigrantenkolonie. Hier ging Vladimir Nabokov mit seinem Sohn spazieren, und gleich nebenan, in der „Kleinen Weltlaterne" in der Nestorstraße, heute eine echt Berliner Bierhöhle, befand sich ein Stammlokal der russischen Künstler-Boheme .

Viktoria-Luise-Platz, Schöneberg, U Viktoria-Luise-Platz

Viktoriapark | Ein echter Berg mit Kreuz

Schön, daß es in den ansonsten eher flachen Ebenen der Mark doch die eine oder andere Erhebung gibt, die diese Bezeichnung wirklich verdient: Der 1888 bis 1894 angelegte Viktoriapark befindet sich auf dem 66 Meter hohen Kreuzberg, von dem nach der Bildung Groß-Berlins 1920 der Name des umliegenden Bezirks abgeleitet wurde. Der Kreuzberg selbst verdankt seinen Namen dem von Karl Friedrich Schinkel gestalteten „Nationaldenkmal zur Erinnerung an die Freiheitskriege", das 1821 auf dem Gipfelpunkt aufgestellt worden war und auf dessen Spitze ein eisernes Kreuz angebracht ist. Das heute 19 Meter hohe, obeliskartige Denkmal aus dem berühmten Berliner Gußeisen (Fer de Berlin) erinnert an den Sieg der preußischen Armee über Napoleon 1813 bis 1815. In den kapellenartigen Nischen erinnern zwölf Genien, deren Köpfe Ähnlichkeit mit Heerführern und Angehörigen des Königshauses aufweisen, an wichtige Schlachten der Freiheitskriege.

Mit der Ausdehnung der städtischen Bebauung bis an den Fuß des Bergs wurde das ehemals exponierte Denkmal 1878 zum Zwecke besserer Sichtbarkeit durch die Ergänzung eines massiven Unterbaus nach einem Entwurf von Johann Heinrich Strack um 8 Meter erhöht und um 21 Grad gedreht. Von der Großgörschenstraße aus gesehen erscheint es in der Verlängerung des künstlich angelegten Wasserfalls nach dem Vorbild des Zackelfalls im Riesengebirge „wie auf Fels gebaut". Unter dem Namen Templower (Tempelhofer) Berg diente die damals noch außerhalb der Stadtgrenze gelegene Anhöhe bis Mitte des 18. Jahrhunderts als Weinberg. Beeindruckend vor allem der Moment, wenn der Wasserfall angestellt wird und das schäumende Nass die Felsen hinunterrauscht.

An den im Sommer stark frequentierten Liegewiesen des westlichen Parkabschnitts findet sich ein Kreuz zum Gedenken an den 17. Juni 1953. Im Ostteil des 1980 als erste öffentliche Grünanlage Berlins unter Denkmalschutz gestellten, 66 Hektar großen Viktoriaparks wurde 1982 ein kleiner Rosengarten nach Plänen von Martin

Schaumann angelegt. Zur Kreuzbergstraße hin befindet sich ein Tiergehege mit Ziegen, Pfauen und Bisamratten.

Zwischen Ende August und Anfang September finden im Viktoriapark die „Kreuzberger festlichen Tage“ statt. 1998 bereits zum 50. Mal veranstaltet, bietet der jährliche Rummel u.a. ein Open-air-Kino, einen Umweltmarkt und Live-Konzerte. Vor allem im Sommer ist darüber hinaus ein Besuch im „Golgatha“ zu empfehlen, dessen Biergarten mit Bratwurstverkauf seit Jahren zu den Open-air-Attraktionen Kreuzbergs zählt.

Zwischen Katzbachstraße, Kreuzbergstraße und Methfesselstraße, Kreuzberg, S, U Yorckstraße, U Mehringdamm, Platz der Luftbrücke

Volkspark Friedrichshain | Märchen und Revolten

Geschichte ist auch in den Berliner Volksparks fast immer präsent. In Friedrichshain trifft revolutionäre Historie auf die Märchenwelt der Gebrüder Grimm, eingebunden in eine ebenso populäre wie verkehrsumtoste Freizeitoase.

Der früher unmittelbar vor der Zollmauer zwischen Königstor und Landsberger Tor gelegene Hain Friedrichs des Großen galt Mitte des 19. Jahrhunderts als ein Ort gewachsenen bürgerlichen Selbstverständnisses. Heute ist er nach dem Treptower Park/Plänterwald und dem Tiergarten die größte Parkanlage der Stadt.

Der Friedhof der Märzgefallenen ist die letzte Ruhestätte von 183 Aufständischen, die während der Revolution am 18. März 1848 in Berlin vom preußischen Militär erschossen wurden. Er befindet sich auf dem damals höchsten Punkt des Geländes am Südrand des heutigen Volksparks Friedrichshain, dem sogenannten Kanonenberg, und wurde auf Beschluß eines Bürgerkomitees bereits vor Fertigstellung und Eröffnung des Parks am 17. August 1848 auf Kosten der Stadt angelegt. Nach einer öffentlichen Trauerfeier auf dem Gendarmenmarkt, die von dem Maler Adolph Menzel festgehalten wurde („Aufbahrung der Märzgefallenen", 1848), und einer Unterbrechung des Trauerzuges auf dem Schloßplatz, wo König Friedrich Wilhelm IV. den Toten seine Referenz zu erweisen hatte, wurden die Revolutionäre am 22. März1848 unter großer Anteilnahme seitens der Berliner Bevölkerung beigesetzt.

1925 wurde der Ehrenfriedhof nach Plänen des Stadtbaurats Ludwig Hoffmann neu gestaltet, 1948 ein Granitquader mit den Namen der hier beigesetzten Märzgefallenen aufgestellt. Nach den Zerstörungen des II. Weltkriegs stellte man 1957 den ursprünglichen Zustand wieder her. Dabei bezog man auch 33 Ruhestätten der gefallenen revolutionären Arbeiter und Soldaten von 1918 in die Anlage ein, an die zwischen Gedenkworten Karl Liebknechts und Walter Ulbrichts eine Porphyr-Grabplatte am Eingang erinnert. Die überlebensgroße Bronzeskulptur „Roter Matrose" von Hans Kies wurde 1960 im Gedenken an neun, 1918 hier beigesetzte kommunistische Matrosen am Eingang des Ehrenfriedhofs aufgestellt.

Zu diesem bürgerlich-proletarisch-revolutionärem Szenarium steht im stadttypischen herben Kontrast der schönste Märchenbrunnen der Stadt. 1901 lieferte der Stadtbaurat Ludwig Hoffmann das Konzept der heute am westlichen Eingang des Volksparks befindlichen Brunnenanlage; finanzielle Schwierigkeiten sowie Probleme bei der einheitlichen künstlerischen Gestaltung – zahlreiche Bildhauer wirkten an der Konstruktion mit – verzögerten den Bau der Anlage. 1913 wurde die im neubarocken Stil entworfene Brunnenanlage schließlich der Öffentlichkeit übergeben.

Durch eine neunfache Arkatur mit seitlichen, von Doppelpilastern gefaßten Bögen wird der Brunnenplatz, der ein kostspieliges Beispiel wilhelminischer Kunstpflege ist, im Halbkreis gegen den Park abgegrenzt. In den Bogenöffnungen befinden sich große Steinschalen mit Fontänen, seine Balustraden sind mit Skulpturen besetzt, die von Josef Rauch stammen und eine Reihe jagdbarer Tiere darstellen. Am Rand der Brunnenanlage befinden sich die von Ignaz Taschner 1912/13 entworfenen Grimmschen Märchenfiguren: Hänsel und Gretel auf Enten sitzend, gefolgt vom Gestiefelten Kater, Hans im Glück, Aschenbrödel, Rotkäppchen, Schneewittchen mit den Sieben Zwergen und Dornröschen.

Die aus Kalkstein gefrtigten Figuren sind auf niedrigen Sockeln positioniert, so daß Taschner auch die älteren Märchenfiguren als Sitzende oder Knieende gestaltete. Die von Georg Wrbas konzipierten und an den Seitengängen aufgestellten „Gruselgestalten“ Frau Holle, Menschenfresser und Riesentochter sind allerdings heute verschwunden. Es war einmal ...

Friedrichshain, S Landsberger Allee, U Strausberger Platz

Waterloo-Ufer 5-7: Wartesaal Berlin

Es war schön, wenn man nach ‚drüben' konnte. Zehn Jahre ist es her, daß jeder ‚normale' West-Berliner sein Tagesvisum für die „Hauptstadt der DDR“ in einem der zahlreichen „Besucherbüros“ beantragen und abholen mußte. Die Mauer ist verschwunden, und mit ihr verblaßt die Erinnerung an diese Prozedur, die ab 1972 zu einem willkommenen Akt der Normalität geworden war. Oft waren es provisorische Containerbauten, in denen sich der spezifische Charme braungekleideter „Grenzorgane der DDR“ mit den üblichen numerierten Warte-Kärtchen, den grün-weißen Visumsanträgen der West-Berliner Vorkontrolle an der Zwischentür sowie der knappen Begegnung mit den „Organen" selbst auf orangefarbenem oder blauem Plastikstuhl und Erich Honecker an der Wand vermischte. Hinter den stempelnden DDR-Beamten patroullierte stets ein wichtigtuerischer Vorgesetzter mit streng-stoischem Blick. Und manchmal verschwand er hinter einer Tür in einen Raum, den nie ein ‚normaler' Antragsteller betreten hat. Dieser ‚geheime' Ort dürfte ein schlichter Aufenthaltsraum gewesen sein, aber damals bot er Anlaß zu Spekulationen.

All das ist persönlich erfahrene Geschichte, die plötzlich zurückkehrt, wenn unvermutet das – vielleicht – letzte, vielleicht vergessene Besucherbüro auftaucht. Waterloo-Ufer 5-7 wird nur den Tausenden, die hier regelmäßig ihr Visum holten, noch etwas sagen. Denn ansonsten ist der schmucklose, bereits leicht verwahrlost wirkende Standardcontainer mit dem bescheidenen Grün des Blücherplatzes, an dem sich vorwiegend die Boule-Spieler erfreuen, kein ‚schöner Platz' zum Hinschauen oder gar Verweilen. Auch die Nähe zur im einladend offenen Stil der fünfziger Jahre gebauten Amerika Gedenkbibliothek (kurz: AGB), der schönsten Freihand- oder Public-Library weit und breit, vermag Waterloooufer 5-7 kaum attraktiver zu machen.

Und dennoch: Dieser deutsch-deutsche Wartesaal Berlin sollte nicht verschwinden, auch kein Museum werden (immer eine Gefahr im museal veranlagten Berlin). Entsorgt ihn nicht, laßt ihn einfach stehen! Denn es war schön, von hier aus ins andere Berlin zu fahren.

Waterloofer 5-7, Kreuzberg, U Hallesches Tor

Weidendammbrücke und Schiffbauerdamm | Brücken-Geschichten

FRIEDEL A. DRAUTZBURG

„Dubčeks Rache“ höre ich – bis früh morgens lesend – noch im Schlafzimmer tief in der Reinhardtstraße, wenn sie über die Weidendamm-Brücke donnert: die gelben Straßenbahnen, aus tschechischer Produktion, vor der Wende an die DDR geliefert, dröhnen dort besonders laut. Immerhin ist die Brücke 102 Jahre alt und schlecht schallisoliert.

„Die Brücke lag voll von Leichen, nur tote Soldaten, auf beiden Seiten tote Soldaten. Und hier, wo sie jetzt stehen, an dem Laternenmast hing einer mit einem Schild um den Hals: Ich bin ein feiges Schwein.“ Es gibt keine Zufälle. Warum erzählte er das – eigentlich ungefragt – gerade jetzt, während ich mir, zum wievielten Male heute?, eine andere Meinung zum Kosovokonflikt leistete. Jedenfalls hat er meine „Zehn Minuten Brücke“ unterbrochen. Aber ich hatte dadurch andererseits jemanden gefunden, der zuhören und erzählen gleich wichtig nahm.

Oft, wenn ich, wie fast täglich, auf der Brücke stehe, wird mir klar, warum die Großväter oder die ‚späten Väter’ die Enkel oder späten eigenen Kinder so sehr begeistern. Sie sind erinnerungsträchtiger. Sie erzählen viel. Aber das Aufregendste ist, daß sie dabei waren, es miterlebt haben, wenn sie von ‚früher’ erzählen. Was kann ein paarundzwanzig Jahre junger Vater schon erzählen? Ich erzählte dem alten Mann von meiner Prägung durch diese Jahre des Zweiten Weltkriegs, daß ich als Kind immer am Rhein in Duisburg gespielt, dort aber auch den Krieg erlebt und noch in vielen Einzelheiten in Erinnerung habe; ja, ich glaube, daß meine Erinnerungen genauer werden, je älter ich werde. Daß ich nach einem Bombenangriff als Fünfjähriger Gehör und Sprache verloren hatte und durch Hitlers „Kinderlandverschickung“ in der „Ostmark“ wieder geheilt wurde. Ich konnte ihm überzeugend versichern, daß ich schon als Fünfjähriger viele tote Soldaten gesehen hatte und daß ich heute verflucht oft hin- und herdenken muß, wenn vom Bombadieren im Kosovo die Rede ist.

Überquerte man die Brücke, die ihren Namen ableitet vom Weidendamm, der gegenüber dem Schiffbauerdamm das Spreeufer festigen sollte, fand sich am Bahnhof Friedrichstraße eine Gedenktafel: „Kurz vor Beendigung des verbrecherischen Hitlerkrieges wurden hier zwei junge deutsche Soldaten von entmenschten SS-Banditen erhängt." Klar, ein Text aus DDR-Zeiten. Die Tafel ist verschwunden heute. Recherchen sind bislang erfolglos geblieben ...

Auf dem Weg dahin komme ich an der „kleinen Konditorei" vorbei. Schon 1960 kaufte ich als Student in Berlin dort Rosinenschnecken. An Süßigkeiten komme ich schlecht vorbei. Sie steht noch heute, äußerlich kaum verändert, was an dieser Stelle als kleines Wunder gelten muß. Eingeprägt für immer in mein Gedächtnis hat sie sich aber erst nach dem Mauerbau. Der Alte hatte mich begleitet. Er hatte nichts übrig für ein „Teilchen", wie wir Rheinländer die kleinen Hefe-Backwaren nennen, die man „auf die Hand" bekommt. Wieder stehen wir auf der Brücke. Jetzt erzählt er wieder von früher. Er schwärmt wie jeder Berliner, der von der Vorkriegszeit erzählt: was man von der Brücke aus sehen konnte, bevor fast alles, auch der Bahnhof Friedrichstraße, den man damals den „heimlichen Zentralbahnhof Berlins" nannte, in Schutt und Asche lag. Berühmte Gäste der Stadt trafen hier mit den großen Fernzügen ein. Die Nazis nannten Charlie Chaplin, der im nahen Großen Schauspielhaus auftreten sollte, im Völkischen Beobachter einen „jüdischen Clown".

Unter uns stampft ein polnisches Schubschiff knapp unter Brückendecke. Jetzt war ich wieder an der Reihe. Ich schilderte ihm einen brenzligen Tag, den ich in Gewahrsam der DDR-Grenzer im Bahnhof zuzubringen hatte. Es muß um 1974 gewesen sein. Ich hatte wie fast jeder Westdeutsche im Ostsektor Bücher und Schallplatten gekauft, um das Umtauschgeld auszugeben. Bei der Ausreise und Kontrolle aber stellte sich heraus, daß trotz der vielen Einkäufe das Umtauschgeld auf Heller und Pfennig noch unberührt im Reisepass lag. Alles weitere kann sich jeder denken und ausmalen ... Nach langen Verhören folgte eine eingehende ideologisch-pädagogische Vorlesung des diensthabenden Grenzoffiziers. Sie endete wie ein Spruchband: „Sie können gehen nach Beschlagnahme allen Geldes und der auf dem Territorium der DDR unrechtmäßig erworbenen Waren.

Die Regierung der DDR hat schließlich heute, am 25. Jahrestag der DDR, keine großartige Amnestie verfügt, damit wir Sie gerade heute einsperren."

Meine Rosinenschnecke durfte ich behalten. An diese Köstlichkeit erinnere ich mich noch heute, nicht an die Platten und Bücher. „Tränenpalast" nannten die Berliner die barackige Paßkontrollstelle beim Bahnhof. Wir sehen ihn von unserer Brücke. Aber wir hören ihn auch. Eine Rockkonzertprobe findet im „Tränenpalast" statt. Doch das Gesicht der Putzfrau hätte ich gerne gesehen, die das Büro des Grenzoffiziers nach meiner Vernehmung anderntags reinigte und wohl einige Geldscheine fand. Die hatte ich nämlich mit schlotternden Knien während des Verhörs noch aus den Hosentaschen gekramt und in den unter dem Schreibtisch stehenden Papierkorb geworfen.

Ich verblüffe meinen Zuhörer, erkläre ihm, daß die Brücke für einige Jahre demontiert und eingemottet worden war, als man tief darunter die U-Bahn baute. Schließlich wollte er wissen, warum ich den riesigen, inmitten vieler schmiedeeiserner Schnitzereien perfekt restaurierten Adler immer „preußischen Ikarus" nannte. In der Kölner Sportarena in Deutz trat Wolf Biermann auf. Konzert und die Ausreise wurden bei uns im Westen als Sensation empfunden. Wir saßen in unserer Wohngemeinschaft „H 95" in Bonn vor dem Fernseher, wie viele andere auch, die keine Karten mehr ergattert hatten.

Seitdem kenne ich dieses Brückengeländerstück nur als „preußischen Ikarus", den Biermann gegenüber Alan Ginsberg so nannte. Ginsberg hatte Biermann in „seiner Chauseestraße" besucht und ihn vor dem mächtigen Eisenadler mit erhobenen Armen fotografiert. Beide hatten sich gegenseitig versprochen, über den „preußischen Ikarus" ein Gedicht zu schreiben. In Bonn wie überall machte uns die Ausbürgerung Biermanns fassungslos, waren wir doch begeistert vom eigentlich lupenreinen sozialistischen Liedermacher. Nur unser Freund aus der DKP und vom Spartakus revidierte drei Tage später seine Empörung. Das SED-Blatt „UZ" aus Düsseldorf hatte endlich die Sprachregelung aus Ost-Berlin erhalten. Seitdem mußte er sich nur noch hämische Bemerkungen anhören, wenn es allnächtlich in der

„Schumannklause" in Bonn, die uns beiden gehörte, um die Politik der SED ging.

Was mir hier nicht alles durch den Kopf geht, höre ich mich sagen. Wir schauen auf das Berliner Ensemble in Richtung Schiffbauerdamm: Brecht, Weigel, später Müller, für uns, die andere immer als ‚68er' bezeichnen, waren BE und Schiffbauerdamm Topoi unserer Kulturdebatten.

Karl-Heinz Drescher, zig Jahre Chefgrafiker im BE, erzählt immer wieder, daß es ihm auch heute noch wie im Traum vorkomme, daß es mir tatsächlich gelungen war, 1985 eine Ausstellung seiner Brecht-Plakate im Bonner Rheinischen Landesmuseum zu ermöglichen. Die großkotzige Art, in der die ganz hohen Herren des BE damals in der Kölner Theaterkantine darüber verhandelten, klebt unangenehm in den Erinnerungen. Aber das ist eine ganz andere Weidendammer Brückengeschichte, wie auch die von der schönsten Frau der Welt, die ich sah, als ich die Straßenseite der Brücke spreeabwärts wechselte, oder die von dem langen, nie fertig gewordenen Brief an Wolfgang Thierse.

„Preußischer Ikarus" und Theaterschmiede: Weidendammbrücke und Berliner Ensemble

Friedrichstraße, Ecke Schiffbauerdamm, Am Weidendamm, Mitte, S U Friedrichstraße

Winterfeldtplatz | Rückgriff auf Altbewährtes

Herrlich: hier ist Berlin noch so, wie wir es aus alten Studententagen Ende der Achtziger, Anfang der Neunziger kennen und lieben. Fast zumindest. Wer sich zu den Glücklichen – freilich nicht mehr GANZ Jungen – zählen darf, die West-Berlin noch aus Vor-Wende- und frühen Nach-Wende-Zeiten kennen, der wird sich mit nostalgischer Behaglichkeit und der Gelassenheit des Kenners immer wieder an diesem Platz einfinden. Hier ist Heimat – für all jene, die vor zehn Jahren und mehr jene freundschaftlich-wohlwollende Fürsorge der Freunde, ob es denn partout „dieses Berlin mit seiner Frontstadt-Atmosphäre“ sein müsse, mit dem souverän-zurückhaltenden Lächeln dessen, der mehr weiß, als er preisgibt, pariert haben. Heimat aber auch für all jene, die Anfang/Mitte der Neunziger nicht mit der großen Karawane gen Osten, nach Mitte, in das „pulsierende Herz der neuen Hauptstadt-Szene“, umgesiedelt sind. Aus Prinzip. Der Schöneberger ist stolz darauf.

Ein bißchen schicker ist er geworden, der Winterfeldtplatz, aber eben nur ein bißchen. Ansonsten alles beim Alten: piazza berolina, mit allem, was dazugehört – Kirche und Wochenmarkt, Kinderspielplatz und Gründerzeithäuser, dazwischen architektonische Zumutungen der sechziger und siebziger Jahre, ein paar fadenscheinige Grünanlagen, und natürlich Kneipen, Bars, Boutiquen, Cafés und Restaurants en masse. Zum Beispiel das gute alte „Berio“: Kaum steigt das Berliner Quecksilber über 12 Grad, präsentiert man in Chromgestühl, bei Milchkaffee und Croissants auf dem Trottoir, gerne seine Sonnengläser. Das war schon immer so; früher anläßlich von Seminargruppentreffen, heute zum Geschäftsfrühstück. Der Winterfeldtplatz macht's mit; deshalb nimmt man ihm auch solch uninspirierte „Bistros“ wie das „Sidney“ nicht krumm. Schließlich gibt es ja noch immer das „Habibi“, Berlins besten Falafel- und Schawarmadistributor, altbewährte, altvertraute Anlaufstelle nach einem nächtlichen Zug durch die Goltzstraße. Oder das „Slumberland“ mit seinem dubiosen Echtsandboden. Oder das „Green Door“, ehemals „Haifischbar“, noch früher „Havanna Bar“,

Berliner Bar für die Szene ab 30: Eine perfekte Mischung aus Gediegenheit, Noblesse und Trash, dazu ein hochprofessioneller Service und Cocktails, die wunschlos glücklich machen – eine Kombination, die vielen neuen Lokalitäten in Mitte abgeht: Stil nämlich.

Am besten läßt sich der Winterfeldtplatz an einem sonnigen Herbstsamstag genießen, den man idealerweise mit einem Streifzug durch die Antiquariate in der Winterfeldtstraße beginnt und im „Berio“ abschließt. – Warum alaso nach Mitte schweifen? Das Gute liegt so nah ...

Zwischen Winterfeldtstraße, Hohenstauffen/Pallasstraße, Schöneberg, U Nollendorfplatz

Zionskirchplatz mit Kastanienallee | Stiller Winkel im Kiez

Es gibt auch schöne Grenzgebiete in Berlin, etwa die Grenze zwischen Mitte und Prenzlauer Berg im erstaunlich stillen Winkel zwischen Zionskirchplatz und Kastanienallee. Per Auto muß man vorher allerdings zwei mit wenig friedlichen Namen ausgestattete Straßen durchfahren: die Invaliden- und folgend die Veteranenstraße. Und doch lohnt diese Annäherung, denn es geht – selten genug in Berlin – bergan, einen längst vergessenen Weinberg hinauf (an den nur ein kleiner Park erinnert), bevor die mächtige Zionskirche (immer noch ein Sanierungsfall), geschützt von mächtigen Kastanien auftaucht. Der schattige Platz drumherum ist einfach lauschig, so wenig angemessen dieser Begriff ansonsten für Berliner Verhältnisse sein mag. Besonders an milden Herbstsonntagen locken „Kapelle“, „Commode“, „Markom“ mit ihren einfachen Bänken im Freien zu beschaulichen Ausblicken auf das müde ruhende Gotteshaus, samt kleinen, wildwuchernden Park. Ohne Hektik, völlig entspannt träumt es sich hier in den Tag in einer garantiert touristenfreien Zone.

Wer nach so viel Kontemplation ein Bedürfnis zum Flanieren verspürt, sollte die angrenzende Kastanienallee Richtung „Prater"/Schönhauser Allee hinaufgehen. Hier findet sich unverfälschter Kiez zwischen morbiden Charme und sanfter Sanierung: bunt, unspektakulär, das heißt: authentisch. Und wer zwischendurch die Kastanien vermißt, der sei vertröstet: Erst ganz zum Schluß, nahe beim „Prater", wird die Kastanienallee wieder ihrem Namen gerecht.

Zionskirchplatz, Mitte, U Weinmeisterstraße, S Nordbahnhof, Schönhauser Allee

Zoologischer Garten | Die Arche Noah an der Spree

Millionen Menschen in über 150 Jahren können sich nicht irren: Der Zoologische Garten ist einer der schönsten Orte Berlins, gleich ob man ein großer oder kleiner oder gar kein Tierfreund ist. Wem das nicht Beweis genug ist, lese die Heerscharen von großen und kleinen Dichtern, die Hymnen in Vers und Prosa auf die „Paläste der Tiere" (Franz Hessel) verfaßt haben.

Der „Poet im Affenhaus" wird da zum Enthusiasten oder Philosophen wie Otto Normalverbraucher. In einer Stadt, die Hunde, Katzen, Bären und anderes Getier mehr als die Menschen liebt, muß der Zoo oder Tierpark auch mehr sein als die pädagogisch-naturwissenschaftlich wertvoll gestaltete Bewahrungsanstalt für Tiere aller Art aus aller

Herren Länder. Im Zoo schlägt das Herz der Stadt, deshalb liegt er direkt in der City (West) und gleich neben einem der Hauptbahnhöfe (der den Namen des Zoos trägt). Um die Schönheit der Anlage ganz von innen her wirken zu lassen, ist das urbane Umfeld des Zoos von ausgesuchter Häßlichkeit. Die Magie des Ortes entfaltet sich erst für den, der das Elefantenportal am Olof-Palme Platz, das riesige Aquarium oder den wenig einladenden Haupteingang (Löwenportal) am Bahnhof durchschritten hat und seinem „Rendezvous im Zoo" zustrebt.

Elefantenportal des Zoologischen Gartens

Der Zoo ist vor dem artenärmeren, aber flächenmäßig weit größeren Tierpark Berlin-Friedrichsfelde das bekannteste jener ‚künstlichen Paradiese', in denen sprichwörtlich die ganze Welt im verkleinerten Maßstab' in Augenschein genommen werden kann. Am 1. August 1844 am Rande des Großen Tiergartens eröffnet, war der Zoologische Garten der erste seiner Art in Deutschland und der neunte weltweit. Seine Gründung geht zurück auf die Initiative des Afrikaforschers Martin Lichtenstein, Direktor des Berliner Zoologischen Museums, und Alexander von Humboldt, auf deren Gesuch hin Preußenkönig Friedrich Wilhelm IV. 1841 seine im Tiergarten gelegene Fasanerie und die auf der Pfaueninsel gehaltenen Tiere mit ihren Unterkünften der Berliner Bevölkerung schenkte: Der Monarch entsprach damit dem zunehmenden naturkundlichen Interesse des Bürgertums.

Die heute 35 Hektar große ‚Arche Noah an der Spree' basiert auf Plänen des Gartenarchitekten Peter Joseph Lenné. Von Beginn an in der Rechtsform einer Aktiengesellschaft geführt, entstanden unter der Direktion Heinrich Bodinus' (1869-1884) zahlreiche Tierhäuser, deren

Baustil – wie etwa das noch heute bestehende Antilopenhaus – dem Herkunftsland der Tiere nachempfunden wurde. Die ersten gitterlosen Freigehege aus Naturgestein entstanden in den dreißiger Jahren unter der Ägide Lutz Hecks, darunter der Affenfelsen, die Löwensteppe, die Felsanlagen für Braunbären und Wölfe sowie der Bergtierfelsen. Zu Beginn des Zweiten Weltkriegs besaß der Zoo neben rund 1.400 Vogelarten über 4.000 Säugetiere, von denen nur 91 – darunter das legendäre Flußpferd „Knautschke" – die schweren Bombenangriffe von 1943 bis 1945 überlebten.

Bereits am 1. Juli 1945 konnte der Zoologische Garten wiedereröffnet werden. Der Wiederaufbau war Mitte der fünfziger Jahre abgeschlossen; damals entstanden u.a. das heutige Elefanten- und das Flußpferdhaus. In den sechziger und siebziger Jahren kamen zahlreiche weitere Tierhäuser und Freianlagen dazu: Affenhäuser, das Vogelhaus, die Bärenfreianlagen, das Raubtierhaus und die Nachttierabteilung. Viele historische Tierhäuser und die beiden aufwendig gestalteten Eingangsportale – das Elefantenportal an der Budapester Straße und das Löwenportal am Hardenbergplatz – wurden originalgetreu wiederhergestellt. Heute ist hier mit rund 19.000 Tieren in ca. 1.500 Arten der vielseitigste Tierbestand der Welt zu beobachten.

Zum Zoologischen Garten gehört eines der größten und traditionsreichsten Schauaquarien der Welt. Vorläufer war das 1864 von Alfred Brehm an der Ecke Unter den Linden/Schadowstraße eröffnete Aquarium, das wenige Jahrzehnte später neuen Geschäftsgebäuden weichen mußte. 1913 an seinem jetzigen Standort neueröffnet, verfügt das artenreichste Aquarium Europas heute über eine moderne Schauarchitektur, die die Tiere in eine weitestgehend ihrem natürlichen Lebensraum angepaßten Umgebung integriert. In insgesamt 92 Aquarien sind Haiarten aller Weltmeere, Korallenfische, Quallen, Fluß- und Seefische zu beobachten. Im Terrarium leben zahlreiche Schlangenarten, Krokodile und Alligatoren, Komodowarane und Echsen.

Nach so viel Belehrung sei nur noch der prosaische Hinweis gestattet, daß der Zoologische Garten Berlin eine Aktiengesellschaft ist. Potentiellen Interessenten muß aber leider gesagt werden: Von dieser Aktie will sich kein Besitzer trennen.

Und eine letzte Anmerkung zum Berliner und seinem Zoo: Kein Weltereignis kann Herz und Gemüt des Berliners so erschüttern wie das Fortpflanzungsschicksal der Pandas oder Familientragödien antikischen Ausmasses im Flußpferdhaus bei „Knautschke“ und „Bulette“. So ist das in einer Weltstadt mit Tieren ...

Hardenbergplatz 8, Charlottenburg, S/U Zoologischer Garten

Zu den Autoren

Matthias Arndt, Leiter der Berliner Galerie Arndt & Partner, Geschäftsführer von artservices berlin.

Dieter Beuermann, Verleger, Nicolaische Verlagsbuchhandlung, Berlin.

Artur Brauner, Filmproduzent, Inhaber der CCC-Filmkunst GmbH, Berlin

Eberhard Diepgen, Regierender Bürgermeister von Berlin.

Friedel A. Drautzburg, Inhaber des Restaurants „Ständige Vertretung" in Berlin.

Tanja Dückers, freie Autorin, lebt in Berlin und Barcelona, zuletzt erschienen „Spielzone".

Prof. Dr. Ulrich Eckhardt, Intendant der Berliner Festspiele GmbH.

Rolf Eden, Inhaber der Berliner Discothek Big Eden.

Georg Gafron, Geschäftsführer Programm und Kommunikation von HUNDERT, 6 und TV.BERLIN.

Wilhelm Großmann, Geschäftsführer des Podewil und der Berliner Kulturveranstaltungs GmbH.

Brigitte Grothum, Schauspielerin und Regisseurin.

Prof. Dr. Hermann Haarmann, Direktor des Instituts für Kommunikationsgeschichte und angewandte Kulturwissenschaften der Freien Universität Berlin.

Prof. Dr. Herwig E. Haase, Präsident des Abgeordnetenhauses von Berlin.

Isa Gräfin von Hardenberg, Inhaberin der Veranstaltungsagentur Hardenberg Concept.

Dr. Volker Hassemer, Geschäftsführer der Partner für Berlin – Gesellschaft für Hauptstadtmarketing mbH.

Ingolf Kern, Redakteur im Berlin-Feuilleton der Tageszeitung DIE WELT.

Sebastian Knauer, SPIEGEL-Redakteur und Roman-Autor, zuletzt erschienen „Erich lebt" und „Die Recherche".

Klaus Landowsky, Vorsitzender der CDU-Fraktion im Abgeordnetenhaus von Berlin.

Prof. Dr. Günther von Lojewski, Intendant a.D. des Senders Freies Berlin, Honorarprofessor am Institut für Publizistik und Kommunikationswissenschaft der FU Berlin.

Ulrich Meyer, Inhaber von Meta Productions, für SAT.1 u.a. Moderator von „Akte 99" und Produzent der „Fahndungsakte".

Irene Moessinger, Geschäftsführerin des Tempodrom.

Walter Müller, Leiter der Mercedes-Benz-Niederlassung Berlin und Präsident des Fußball-Bundesligavereins Hertha BSC Berlin.

Volker Oesterreich, Feuilleton-Redakteur bei der BERLINER MORGENPOST und Autor mehrerer Reisebücher.

Svetislav Pěsić, Head Coach des amtierenden deutschen Basketmallmeisters und Pokalsiegers Alba Berlin.

Prof. Dr. Peter Raue, Rechtsanwalt und Notar, Vorsitzender des Vereins der Freunde der Nationalgalerie Berlin.

Moritz Rinke, Schriftsteller, schreibt u.a. für den TAGESSPIEGEL und die FRANKFURTER ALLGEMEINE ZEITUNG.

Prof. Dr. Wilfried Rott, Abteilungsleiter Kultur-Aktuell beim Sender Freies Berlin (Fernsehen).

Nina Ruge, Fernsehmoderatorin beim Zweiten Deutschen Fernsehen, u.a. „Leute heute".

Horst Schättle, Intendant des Senders Freies Berlin.

Siegfried Schmidt-Joos, Abteilungsleiter Abendprogramm beim Stadtradio Berlin 88,8, sein wöchentlicher Report „Showtime" läuft seit 1987 im SFB.

Prof. Dr. Klaus Siebenhaar, Leiter des Instituts für Kultur- und Medienmanagement an der Hochschule für Musik „Hanns Eisler".

Wolf Jobst Siedler, Verleger und Publizist, Autor zahlreicher Bücher zur Berliner Kulturgeschichte.

Sibylle Söring, Germanistin, Mitarbeiterin des Bostelmann & Siebenhaar Verlags.

Rupert Graf Strachwitz, Direktor des Maecenata Instituts für Dritter-Sektor-Forschung in Berlin.

Peter Strieder, Berliner Senator für Stadtentwicklung, Umweltschutz und Technologie.

Georgia Tornow, freie Journalistin und Moderatorin, u.a. der „Presseschau" des ZDF-Morgenmagazins sowie der NDR-Radiosendung „Die Meinung".

Gerald Uhlig, Mitinhaber und künstlerischer Leiter des Café „Einstein" Unter den Linden.

Udo Walz, Star-Coiffeur, Berlin.

Dr. Wolf Wegener, Vorsitzender des ADAC Berlin-Brandenburg und Generalsyndikus des ADAC.

Herbert Wiesner, Leiter des Literaturhauses Berlin.

Regina Ziegler, Filmproduzentin, Inhaberin der Regina-Ziegler-Filmproduktion, Berlin.

Der Herausgeber: Dr. Steffen Damm, Cheflektor des Bostelmann & Siebenhaar Verlags.

Textnachweis

Ulrich Meyer: Beitrag aus der Reihe „Mein Berlin-Gefühl“, B.Z. vom 29.4.1999.
Moritz Rinke: Geo Special Berlin, Nr. 1, Februar 1999, S. 66.
Regina Ziegler: Beitrag aus der Reihe „Mein Berlin-Gefühl“, B.Z. vom 20.5.1999.

Alle übrigen Texte sind Originalbeiträge.

Bildnachweis

S. 159: Elke Nord 99
S. 82, S. 113: Presse- und Informationsmat des Landes Berlin / Thie
S. 78, S. 100, S.131: David Scheunemann
S. 27, S. 29, S. 91, S. 93, S. 148: Sibylle Söring
S. 166: Theater des Westens
S. 38: Wolfhardt Theile

Alle übrigen Abbildungen: Steffen Damm